Great Peng and His Brothers

Great Peng and His Brothers

A Story in Simplified Chinese and Pinyin
with English Translation

Book 25 of the *Journey to the West* Series

Written by Jeff Pepper
Chinese Translation by Xiao Hui Wang

Based on chapters 74 to 77 of the original
Chinese novel *Journey to the West* by Wu Cheng'en

IMAGIN8
PRESS

This is a work of fiction. Names, characters, organizations, places, events, locales, and incidents are either the products of the author's imagination or used in a fictitious manner. Any resemblance to actual persons, living or dead, or actual events is purely coincidental.

Copyright © 2022 – 2023 by Imagin8 Press LLC, all rights reserved.

Published in the United States by Imagin8 Press LLC, Verona, Pennsylvania, US. For information, contact us via email at info@imagin8press.com or visit www.imagin8press.com.

Our books may be purchased directly in quantity at a reduced price, visit our website www.imagin8press.com for details.

Imagin8 Press, the Imagin8 logo and the sail image are all trademarks of Imagin8 Press LLC.

Written by Jeff Pepper
Chinese translation by Xiao Hui Wang
Cover design by Katelyn Pepper and Jeff Pepper
Book design by Jeff Pepper
Artwork by Next Mars Media, Luoyang, China
Audiobook narration by Junyou Chen

Based on the original 16th century Chinese novel by Wu Cheng'en

ISBN: 978-1952601880
Version 04.01

Acknowledgements

We are deeply indebted to the late Anthony C. Yu for his incredible four-volume translation, *The Journey to the West* (University of Chicago Press, 1983, revised 2012).

We have also referred frequently to another unabridged translation, William J.F. Jenner's *The Journey to the West* (Collinson Fair, 1955; Silk Pagoda, 2005), as well as the original Chinese novel 西游记 by Wu Cheng'en (People's Literature Publishing House, Beijing, 1955). And we've gathered valuable background material from Jim R. McClanahan's *Journey to the West Research Blog* (www.journeytothewestresearch.com).

And many thanks to the team at Next Mars Media for their terrific illustrations, Jean Agapoff for her careful proofreading, and Junyou Chen for his wonderful audiobook narration.

Audiobook

A complete Chinese language audio version of this book is available free of charge. To access it, go to YouTube.com and search for the Imagin8 Press channel. There you will find free audiobooks for this and all the other books in this series.

You can also visit our website, www.imagin8press.com, to find a direct link to the YouTube audiobook, as well as information about our other books.

Preface

Here's a summary of the events of the previous books in the Journey to the West *series. The numbers in brackets indicate in which book in the series the events occur.*

Thousands of years ago, in a magical version of ancient China, a small stone monkey is born on Flower Fruit Mountain. Hatched from a stone egg, he spends his early years playing with other monkeys. They follow a stream to its source and discover a secret room behind a waterfall. This becomes their home, and the stone monkey becomes their king. After several years the stone monkey begins to worry about the impermanence of life. One of his companions tells him that certain great sages are exempt from the wheel of life and death. The monkey goes in search of these great sages, meets one and studies with him, and receives the name Sun Wukong. He develops remarkable magical powers, and when he returns to Flower Fruit Mountain he uses these powers to save his troop of monkeys from a ravenous monster. *[Book 1]*

With his powers and his confidence increasing, Sun Wukong manages to offend the underwater Dragon King, the Dragon King's mother, all ten Kings of the Underworld, and the great Jade Emperor himself. Finally, goaded by a couple of troublemaking demons, he goes too far, calling himself the Great Sage Equal to Heaven and sets events in motion that cause him some serious trouble. *[Book 2]*

Trying to keep Sun Wukong out of trouble, the Jade Emperor gives him a job in heaven taking care of his Garden of Immortal Peaches, but the monkey cannot stop himself from eating all the peaches. He impersonates a great Immortal and crashes a party in Heaven, stealing the guests' food and drink and barely escaping to his loyal troop of monkeys back on

Earth. In the end he battles an entire army of Immortals and men, and discovers that even calling himself the Great Sage Equal to Heaven does not make him equal to everyone in Heaven. As punishment, the Buddha himself imprisons him under a mountain. *[Book 3]*

Five hundred years later, the Buddha decides it is time to bring his wisdom to China, and he needs someone to lead the journey. A young couple undergo a terrible ordeal around the time of the birth of their child Xuanzang. The boy grows up as an orphan but at age eighteen he learns his true identity, avenges the death of his father and is reunited with his mother. Xuanzang will later fulfill the Buddha's wish and lead the journey to the west. *[Book 4]*

Another storyline starts innocently enough, with two good friends chatting as they walk home after eating and drinking at a local inn. One of the men, a fisherman, tells his friend about a fortuneteller who advises him on where to find fish. This seemingly harmless conversation between two minor characters triggers a series of events that eventually costs the life of a supposedly immortal being and causes the great Tang Emperor himself to be dragged down to the underworld. He is released by the Ten Kings of the Underworld but is trapped in hell and only escapes with the help of a deceased courtier. *[Book 5]*

Barely making it back to the land of the living, the Emperor selects the young monk Xuanzang to undertake the journey, after being influenced by the great bodhisattva Guanyin. The young monk sets out on his journey. After many difficulties his path crosses that of Sun Wukong, and the monk releases him from his prison under a mountain. Sun Wukong becomes the monk's first disciple. *[Book 6]*

As their journey gets underway, they encounter a mysterious

river-dwelling dragon, then run into more trouble while staying in the temple of a 270 year old abbot. Their troubles deepen when they meet the abbot's friend, a terrifying black bear monster, and Sun Wukong must defend his master. *[Book 7]*

The monk, now called Tangseng, acquires two more disciples. The first is the pig-man Zhu Bajie, the embodiment of stupidity, laziness, lust and greed. In his previous life, Zhu was the Marshal of the Heavenly Reeds, responsible for the Jade Emperor's entire navy and 80,000 sailors. Unable to control his appetites, he got drunk at a festival and attempted to seduce the Goddess of the Moon. The Jade Emperor banished him to earth, but as he plunged from heaven to earth he ended up in the womb of a sow and was reborn as a man-eating pig monster. He was married to a farmer's daughter, but fights with Sun Wukong and ends up joining and becoming the monk's second disciple. *[Book 8]*

Sha Wujing was once the Curtain Raising Captain but was banished from heaven by the Yellow Emperor for breaking an extremely valuable cup during a drunken visit to the Peach Festival. The travelers meet Sha and he joins them as Tangseng's third and final disciple. The four pilgrims arrive at a beautiful home seeking a simple vegetarian meal and a place to stay for the night. What they encounter instead is a lovely and wealthy widow and her three even more lovely daughters. This meeting is, of course, much more than it appears to be, and it turns into a test of commitment and virtue for all of the pilgrims, especially for the lazy and lustful pig-man Zhu Bajie. *[Book 9]*

Heaven continues to put more obstacles in their path. They arrive at a secluded mountain monastery which turns out to be the home of a powerful master Zhenyuan and an ancient and magical ginseng tree. As usual, the travelers' search for a nice hot meal and a placc to sleep quickly turns into a disaster. Zhenyuan has gone away for a few days and has left his two youngest disciples in charge. They welcome the travelers, but soon there are misunderstandings, arguments, battles in the sky, and before long the travelers are facing a powerful and extremely angry adversary, as well as mysterious magic fruits and a large frying pan full of hot oil. *[Book 10]*

Next, Tangseng and his band of disciples come upon a strange pagoda in a mountain forest. Inside they discover the fearsome Yellow Robed Monster who is living a quiet life with his wife and their two children. Unfortunately the monster has a bad habit of ambushing and eating travelers. The travelers find themselves drawn into a story of timeless love and complex lies as they battle for survival against the monster and his allies. *[Book 11]*

The travelers arrive at level Top Mountain and encounter their most powerful adversaries yet: Great King Golden Horn and his younger brother Great King Silver Horn. These two monsters, assisted by their elderly mother and hundreds of well-armed demons, attempt to capture and liquefy Sun Wukong, and eat the Tang monk and his other disciples. *[Book 12]*

Resuming their journey the monk and his disciples stop to rest at a mountain monastery in Black Rooster Kingdom. Tangseng is visited in a dream by someone claiming to be the ghost of a murdered king. Is he telling the truth or is he actually a demon in disguise? Sun Wukong offers to sort things out with his iron rod. But things do not go as planned. *[Book 13]*

Tangseng and his three disciples encounter a young boy hanging upside down from a tree. They rescue him only to discover that he is really Red Boy, a powerful and malevolent demon and, it turns out, Sun Wukong's nephew. The three disciples battle the demon but soon discover that he can produce deadly fire and smoke which nearly kills Sun Wukong. *[Book 14]*

Leaving Red Boy with the bodhisattva Guanyin, the travelers continue to the wild country west of China. They arrive at a strange city where Daoism is revered and Buddhism is forbidden. Sun Wukong gleefully causes trouble in the city, and finds himself in a series of deadly competitions with three Daoist Immortals. *[Book 15]*

Later, the travelers encounter a series of dangerous demons and monsters, including the Great Demon King who demands two human sacrifices each year, and a monster who uses a strange and powerful weapon to disarm and defeat the disciples. *[Books 16 and 17]*

Springtime comes and the travelers run into difficulties and temptations in a nation of women and girls. First, Tangseng and Zhu become pregnant after drinking from the Mother and Child River. Later, the nation's queen meets Tangseng and pressures him to marry her. He barely escapes that fate, only to be kidnapped by a powerful female demon who takes him to her cave and tries to seduce him. *[Book 18]*

Continuing their journey, Tangseng has harsh words for the monkey king Sun Wukong. His pride hurt, Sun Wukong complains to the Bodhisattva Guanyin and asks to be released from his service to the monk. She refuses his request. This leads to a case of mistaken identity and an earthshaking battle that begins in the sky over the monkey's home on Flower Fruit Mountain, moves through the palaces of heaven and the depths of the underworld, and ends in front of the Buddha himself. *[Book 19]*

More trials await the travelers as they find their path blocked by a huge blazing mountain eight hundred miles wide. Tangseng refuses to go around it, so Sun Wukong must discover why the mountain is burning and how they can cross it. *[Book 20]*

Three years after an evil rainstorm of blood covers a city and defiles a beautiful Buddhist monastery, Tangseng and his three disciples arrive. This leads to an epic underwater confrontation with the All Saints Dragon King and his family. And later, Tangseng is trapped in a vast field of brambles by a group of poetry loving but extremely dangerous nature spirits. *[Book 21]*

Later, Tangseng sees a sign, "Small Thunderclap Monastery," and foolishly thinks they have reached their goal. Sun Wukong sees through the illusion, but the false Buddha in the monastery traps him between two gold cymbals and plans to kill his companions. Escaping that, the travelers find their path blocked by a giant snake and a huge pile of slimy and foul-smelling rotting fruit. *[Book 22]*

Continuing on their journey, they meet the king of Scarlet Purple Kingdom. The king is gravely ill, sick with grief over the loss of one of his wives who was abducted by a nearby demon king. Sun Wukong pretends to be a doctor and attempts to cure the king with a treatment not found in any medical textbook. Then he goes to rescue the imprisoned queen, leading to an earth-shaking confrontation with the demon king. *[Book 23]*

Tangseng goes alone to beg some food at the home of some beautiful and seemingly gentle young women. He soon finds out that they are far from gentle. Trapped in their web, he waits to be cooked and eaten while his three disciples attempt to rescue him by confronting the spider demons, a horde of biting insects, and a mysterious Daoist alchemist. *[Book 24]*

Great Peng and His Brothers
大鹏和他的兄弟们

Dì 74 Zhāng

Wǒ qīn'ài de háizi, qǐng tīng zhèxiē huà,

> Hǎo hǎo xuéxí fófǎ
> Dāng yùwàng lí qù, zhìhuì dàolái shí
> Yào yǒu nàixīn, ràng nǐ de xīn qiángdà
> Xiàng yuèliang yíyàng méiyǒu huītǔ,
> Zuò hǎo nǐ de gōngzuò, búyào yǒu cuò
> Wánchéng hòu, nǐ jiāng chéngwéi yígè yǒu wù de xiānrén

Nǐ hái jìdé zuó wǎn de gùshì ma? Fójiào sēngrén Tángsēng zài tā de sān gè túdì, hóu shén Sūn Wùkōng, zhū rén Zhū Wùnéng hé ānjìng de Shā Wùjìng de bāngzhù xià, cóng zhīzhū de yùwàng wǎng zhōng táo le chūlái. Tāmen jìxù xiàng xī xíngzǒu. Dàyǔ xǐ qù le zuìhòu de yìdiǎn xià rè. Liáng liáng de qiūfēng chuīguò shùlín, xīshuài zài míngliàng yuèguāng xià de yèwǎn fāchū yīnyuè zhī shēng.

Yǒu yìtiān, dāng tāmen xiàng xī zǒu de shíhòu, Tángsēng táitóu kàn,

第 74 章

我亲爱的孩子,请听这些话,

> 好好学习佛法
> 当欲望离去,智慧到来时
> 要有耐心[1],让你的心强大
> 像月亮一样没有灰土,
> 做好你的工作,不要有错
> 完成后,你将成为一个有悟的仙人

你还记得昨晚的故事吗?佛教僧人<u>唐僧</u>在他的三个徒弟,猴神<u>孙悟空</u>、猪人<u>猪悟能</u>和安静的<u>沙悟净</u>的帮助下,从蜘蛛的欲望网中逃了出来。他们继续向西行走。大雨洗去了最后的一点夏热。凉凉的秋风吹过树林,蟋蟀在明亮月光下的夜晚发出音乐之声。

有一天,当他们向西走的时候,<u>唐僧</u>抬头看,

---

[1] 耐心　　nàixīn – patience

kàndào yízuò fēicháng gāo de shān. Tā shuō, "Nà zuò shān tài gāo le, wǒmen zěnme néng zǒu dào tā de lìng yìbiān ne?"

Sūn Wùkōng xiào dào, "Bié dānxīn, shīfu. Gǔrén shuō, 'zài gāo de shān yěyǒu lù, zài shēn de shuǐ yěyǒu bǎidù de chuán.' "

Tángsēng diǎn le diǎn tóu, tāmen jìxù wǎng qián zǒu. Zǒu le jǐ lǐ lù hòu, tāmen yù dào le yígè lǎorén. Báisè de cháng fā, yínsè de cháng húzi. Tā shǒu lǐ názhe yì gēn lóngtóu guǎizhàng. "Tíng xià!" tā xiàng yóurénmen hǎn dào. "Zhèxiē shānshàng zhùzhe kěpà de móguǐ. Tāmen yǐjīng chī diào le zhège dìfāng suǒyǒu de rén. Tāmen yě huì chī diào nǐmen."

Tángsēng fēicháng hàipà. Tā de tuǐ biàn dé xūruò, tā cóng mǎ bèi shàng diào le xiàlái. Sūn Wùkōng xiǎng qù gēn lǎorén shuōhuà, dàn Tángsēng shuō, "Túdì, nǐ de liǎn tài chǒu le, nǐ shuōhuà de shēngyīn tài cì'ěr le. Wǒ dānxīn nǐ huì xià huài lǎorén, tā huì jùjué hé nǐ shuōhuà."

"Hǎo ba, wǒ huì gǎibiàn wǒ de yàngzi," hóu wáng huídá. Tā yòng shǒuzhǐ zuò le yígè mó shǒushì. Xiànzài tā kàn qǐlái xiàng yígè niánqīng de dàojiào sēngrén, yǒuzhe hǎokàn de liǎn hé hǎotīng de shēng

看到一座非常高的山。他说，"那座山太高了，我们怎么能走到它的另一边呢？"

孙悟空笑道，"别担心，师父。古人说，'再高的山也有路，再深的水也有摆渡的船。'"

唐僧点了点头，他们继续往前走。走了几里路后，他们遇到了一个老人。白色的长发、银色的长胡子。他手里拿着一根龙头拐杖。"停下！"他向游人们喊道。"这些山上住着可怕的魔鬼。他们已经吃掉了这个地方所有的人。他们也会吃掉你们。"

唐僧非常害怕。他的腿变得虚弱，他从马背上掉了下来。孙悟空想去跟老人说话，但唐僧说，"徒弟，你的脸太丑了，你说话的声音太刺耳了。我担心你会吓坏老人，他会拒绝和你说话。"

"好吧，我会改变我的样子，"猴王回答。他用手指做了一个魔手势。现在他看起来像一个年轻的道教僧人，有着好看的脸和好听的声

yīn. "Zěnme yàng?" tā wèn. Tángsēng xiào le xiào, shuō nà zhī chǒu hóuzi xiànzài hěn piàoliang.

Sūn Wùkōng zǒu dào lǎorén miànqián shuō, "Lǎo yéye, zhège kělián de héshang lái jiàn nǐ!"

Lǎorén pāi pāi tā de tóu, shuō, "Xiǎo héshang, nǐ cóng nǎlǐ lái?"

"Wǒmen láizì dōngfāng de Táng dìguó. Wǒmen zhèng xiàng xī, qiánwǎng Yìndù. Wǒmen xiǎng zhǎodào fózǔ de jīngshū, jiāng tāmen dài huí, gěi wǒmen guójiā de rénmen. Gāngcái wǒmen tīng nǐ shuō zhè zuò shānshàng yǒu móguǐ. Nǐ néng gàosù wǒmen gèng duō guānyú tāmen de shìqing ma? Zhèyàng wǒmen jiù néng dǎbài tāmen."

"Nǐ shì yígè niánqīng rén, nǐ shénme dōu bù dǒng. Ràng wǒ gàosù nǐ guānyú zhèxiē móguǐ de shì. Rúguǒ tāmen sòngxìn qù Líng Shān, wǔbǎi míng zhànshì jiù huì lái bāngzhù tāmen. Zhèxiē móguǐ hé sì dà hǎilóng, bā dòng xiānrén, zhè dìfāng suǒyǒu chéngshì lǐ de zhòng shén dōu shì tāmen de péngyǒu."

音。"怎么样？"他问。唐僧笑了笑，说那只丑猴子现在很漂亮。

孙悟空走到老人面前说，"老爷爷，这个可怜的和尚来见你！"

老人拍拍他的头，说，"小和尚，你从哪里来？"

"我们来自东方的唐帝国。我们正向西，前往印度。我们想找到佛祖的经书，将它们带回，给我们国家的人们。刚才我们听你说这座山上有魔鬼。你能告诉我们更多关于他们的事情吗？这样我们就能打败他们。"

"你是一个年轻人，你什么都不懂。让我告诉你关于这些魔鬼的事。如果他们送信去灵山[2]，五百名战士就会来帮助他们。这些魔鬼和四大海龙、八洞仙人、这地方所有城市里的众神都是他们的朋友。"

---

[2] Spirit Mountain is the home of Tathāgata, the Buddha. We will hear more about this later in the story.

"Nǐ hǎoxiàng bǎ zhèxiē móguǐ xiǎng dé hěn lìhài. Kěnéng tāmen shì nǐ de péngyǒu, huòzhě tāmen shì nǐ de qīnqī? Méiguānxì, wǒ huì dǎbài tāmen de. Wǒ xìng Sūn, míng Wùkōng. Wǒ de jiā zài Huāguǒ Shān de Shuǐlián Dòng. Xǔduō nián qián, wǒ yěshì yígè yāoguài jīng. Yǒu yìtiān, wǒ hé qítā yìxiē móguǐ yìqǐ hējiǔ. Wǒ shuìzháo le. Jiàndào liǎng gè rén bǎ wǒ tuō dào dìyù, qù jiàn Yánluó Wáng hé Hēi'àn Wáng. Zhè ràng wǒ hěn shēngqì. Wǒ yòng wǒ de jīn gū bàng dǎbài le Hēi'àn Wáng. Tāmen fēicháng hàipà, suǒyǐ tāmen shuō, rúguǒ wǒ tíngzhǐ dǎ tāmen, tāmen jiù huì chéngwéi wǒ de púrén."

Lǎorén dàshēng xiào le qǐlái. Tā shuō, "Nǐ gàosù wǒ zhème yígè hěn nán xiāngxìn de gùshì, nǐ bú huì zài zhǎng gāo le. Nǐ duōdà le?"

"Nǐ cāi."

"Ó, yǒu qī, bā suì le ba."

"Lǎorén, bǎ tā chéng yí wàn, nǐ huì gèng jiējìn zhēnxiàng. Xiànzài wǒ yào ràng nǐ kàn kàn wǒ de zhēn yàngzi. Qǐng búyào hàipà." Sūn Wùkōng yòng shǒu mǒ le yíxià liǎn. Xiànzài tā kàn qǐlái xiàng yígè léi

"你好像把这些魔鬼想得很厉害。可能他们是你的朋友,或者他们是你的亲戚?没关系,我会打败他们的。我姓孙,名悟空。我的家在花果山上的水帘洞。许多年前,我也是一个妖怪精。有一天,我和其他一些魔鬼一起喝酒。我睡着了。见到两个人把我拖到地狱,去见阎罗王和黑暗王。这让我很生气。我用我的金箍棒打败了黑暗王。他们非常害怕,所以他们说,如果我停止打他们,他们就会成为我的仆人。"

老人大声笑了起来。他说,"你告诉我这么一个很难相信的故事,你不会再长高了。你多大了?"

"你猜。"

"哦,有七、八岁了吧。"

"老人,把它乘一万,你会更接近真相。现在我要让你看看我的真样子。请不要害怕。"孙悟空用手抹了一下脸。现在他看起来像一个雷

shén. Tā yǒu hěn cháng hěn jiān de yáchǐ hé hěn dà de zuǐ. Tā chuānzhe hǔ pí cháng yī, shǒu lǐ názhe yì gēn jīn gū bàng. Lǎorén xià huài le, kāishǐ fādǒu.

Sūn Wùkōng wèn, "Lǎo yéye, zhè zuò shānshàng yǒu duōshǎo móguǐ?" Dàn lǎorén tài hàipà le, shuō bù chū rènhé de huà. Sūn Wùkōng zhuǎnshēn zǒu huí Tángsēng hé qítā rén shēnbiān.

"Wùkōng," Tángsēng shuō, "nǐ fāxiàn le shénme?"

"Ò, méiyǒu shénme. Zhèlǐ de rén tài duō dānxīn le. Zhǐyǒu jǐ gè yāoguài. Ràng wǒmen jìxù wǒmen de lǚtú."

"Děng yíxià," Zhū shuō. "Wǒmen dōu zhīdào, gēge hěn huì jiǎng gùshì hé yòng piànshù. Dànshì, rúguǒ nǐ xiǎng yào yígè jiǎng zhēn huà de rén, kàn kàn wǒ. Wǒ huì zhǎo chū zhēnxiàng de."

"Hǎo ba. Dàn yào xiǎoxīn, Wùnéng," Tángsēng shuō.

Zhū bǎ bàzi fàng zài yāodài shàng, nòng píng tā de hēi chènshān, zǒu dào lùshàng qù hé lǎorén shuōhuà. Dāng lǎorén kàndào hěn chǒu de zhū xiàng tā zǒu lái shí, tā jiàozhe, "zhè shì shénme è mèng, lǐmiàn yǒu zhème duō yāoguài? Dì yī gè zhǐshì hěn chǒu. Dàn zhège kàn qǐlái lián

神。他有很长很尖的牙齿和很大的嘴。他穿着虎皮长衣，手里拿着一根金箍棒。老人吓坏了，开始发抖。

孙悟空问，"老爷爷，这座山上有多少魔鬼？"但老人太害怕了，说不出任何的话。孙悟空转身走回唐僧和其他人身边。

"悟空，"唐僧说，"你发现了什么？"

"哦，没有什么。这里的人太多担心了。只有几个妖怪。让我们继续我们的旅途。"

"等一下，"猪说。"我们都知道，哥哥很会讲故事和用骗术。但是，如果你想要一个讲真话的人，看看我。我会找出真相的。"

"好吧。但要小心，悟能，"唐僧说。

猪把耙子放在腰带上，弄平他的黑衬衫，走到路上去和老人说话。当老人看到很丑的猪向他走来时，他叫着，"这是什么恶梦，里面有这么多妖怪？第一个只是很丑。但这个看起来连

rén dōu búshì!"

Zhū shuō, "Búyào hàipà. Wǒ shì Tángsēng de dì èr gè túdì. Wǒ gēge xià huài le nǐ, suǒyǐ wǒ lái zhǎo nǐ bāngmáng. Qǐng gàosù wǒ, zhè shì shénme shān? Shānshàng yǒu shénme dòng? Shāndòng lǐ yǒu duōshǎo móguǐ? Nǎ lǐ yǒu kěyǐ guò zhè zuò shān de lù?"

Lǎorén yòng tā de guǎizhàng zhǐzhe shān shuō, "Zhè zuò shān shì Shīzi Shān, yǒu bābǎi lǐ kuān. Tā yǒu yígè jiào Shīzi Dòng de shāndòng. Sān gè móguǐ zhù zài shāndòng lǐ."

"Nà méi shénme," Zhū shuō. "Wǒmen wèishénme yào qù guānxīn sān gè xiǎo móguǐ?"

"Nǐ hěn bèn. Zhè sān gè móguǐ fēicháng qiángdà. Tāmen hái yǒu xǔduō xiǎo móguǐ. Nánbian yǒu wǔqiān, běibian yǒu wǔqiān, shǒuwèi dōng lù yǒu yí wàn, shǒuwèi xī lù yǒu yí wàn, xúnluó de yǒu wǔqiān, shǒuwèi shāndòng yǒu yí wàn. Hái yǒu gèng duō de xiǎo móguǐ kānhù huǒ hé zhǎo mùtou. Yígòng yǒu sì wàn bāqiān rén zuǒyòu. Tāmen dōu xǐhuān chī rénròu."

人都不是！"

猪说，"不要害怕。我是唐僧的第二个徒弟。我哥哥吓坏了你，所以我来找你帮忙。请告诉我，这是什么山？山上有什么洞？山洞里有多少魔鬼？哪里有可以过这坐山的路？"

老人用他的拐杖指着山说，"这座山是狮子山，有八百里宽。它有一个叫狮子洞的山洞。三个魔鬼住在山洞里。"

"那没什么，"猪说。"我们为什么要去关心三个小魔鬼？"

"你很笨。这三个魔鬼非常强大。他们还有许多小魔鬼。南边有五千，北边有五千，守卫东路有一万，守卫西路有一万，巡逻[3]的有五千，守卫山洞的有一万。还有更多的小魔鬼看护火和找木头。一共有四万八千人左右。他们都喜欢吃人肉。"

---

[3] 巡逻　　　xúnluó – patrol

Zhū tīngdào zhè huà hòu, pǎo huí dào le Tángsēng hé qítā rén de shēnbiān. "Shīfu, wǒmen bìxū wǎng huí zǒu! Zhè zuò shān dū shì móguǐ! Shāndòng li yǒu sān gè dà móguǐ, fùjìn yǒu jìn wǔ wàn xiǎo móguǐ, tāmen dōu xǐhuān chī rénròu. Rúguǒ wǒmen jìxù zǒu xiàqù, wǒmen jiāng chéngwéi tāmen de shíwù."

"Ò, bié shuō le," Sūn Wùkōng shuō. "Zhèlǐ de rén hěn róngyì bèi xià huài de. Wǒ xiāngxìn wǒmen kěyǐ jiějué jǐ gè móguǐ de."

"Nǐ zěnme néng dǎbài wǔ wàn gè móguǐ?" Zhū wèn.

"Zhè hěn róngyì. Wǒ yào ràng wǒ de bàng zhǎng dào sìbǎi chǐ cháng, bāshí chǐ cū. Dāng wǒ ràng tā cóng shān de nánbiān gǔn xiàqù shí, wǔqiān gè móguǐ jiù huì sǐ. Dāng wǒ ràng tā cóng běibiān gǔn xiàqù shí, yòu yǒu wǔqiān rén huì sǐ. Dāng wǒ ràng tā gǔn xiàng dōng hé gǔn xiàng xī shí, huì yǒu jǐ wàn gè sǐ móguǐ."

Zhū diǎn le diǎn tóu. "Zhè shì yígè hǎo zhǔyì. Wǒ xiǎng nǐ kěyǐ zài sì gè xiǎoshí zuǒyòu wánchéng."

Tángsēng yě bù gǎndào nàme hàipà le. Tā huí dào mǎshàng, tāmen kāishǐ wǎng shānshàng zǒu. Lǎorén bújiàn le. Shā shuō, "Wǒ juédé

猪听到这话后，跑回到了唐僧和其它人的身边。"师父，我们必须往回走！这座山都是魔鬼！山洞里有三个大魔鬼，附近有近五万小魔鬼，他们都喜欢吃人肉。如果我们继续走下去，我们将成为他们的食物。"

"哦，别说了，"孙悟空说。"这里的人很容易被吓坏的。我相信我们可以解决几个魔鬼的。"

"你怎么能打败五万个魔鬼？"猪问。

"这很容易。我要让我的棒长到四百尺长，八十尺粗。当我让它从山的南边滚下去时，五千个魔鬼就会死。当我让它从北边滚下去时，又有五千人会死。当我让它滚向东和滚向西时，会有几万个死魔鬼。"

猪点了点头。"这是一个好主意。我想你可以在四个小时左右完成。"

唐僧也不感到那么害怕了。他回到马上，他们开始往山上走。老人不见了。沙说，"我觉得

lǎorén tā zìjǐ jiùshì yígè xié jīng."

Sūn Wùkōng shuō, "Ràng wǒ lái kàn kàn." Tā tiào dào kōngzhōng, kàn le sìzhōu. Tā kàndào tiānkōng zhōng míngliàng de yánsè. Zǒu jìn kàn, tā kàndào shì Tàibái Jīnxīng. Sūn Wùkōng zhuā zhù tā, shuō, "Lǐ Chánggēng, nǐ wèishénme jiǎzhuāng chéng lǎorén, ràng wǒ kàn shàngqù hěn bèn?"

"Hěn duìbùqǐ," Lǐ shuō. "Dàn zhèxiē móguǐ zhēn de fēicháng qiángdà. Nǐ yǒu qiángdà de lìliàng, dàn duì nǐ lái shuō háishì fēicháng kùnnán."

"Xièxiè. Wǒ xīwàng nǐ néng qù tiāngōng, qǐng Yùhuáng Dàdì bǎ tā de shìbīng jiè gěi wǒmen."

"Dāngrán. Zhǐyào nǐ shuō zhè huà, nǐ jiù kěyǐ yǒu yì zhī shí wàn shìbīng de jūnduì."

Sūn Wùkōng huí dào le Tángsēng hé qítā rén de shēnbiān. "Děng zài zhèlǐ," tā shuō, "wǒ qù kàn kàn sìzhōu. Wǒ huì zhǎodào yìxiē

老人他自己就是一个邪精。"

孙悟空说,"让我来看看。"他跳到空中,看了四周。他看到天空中明亮的颜色。走近看,他看到是太白金星。孙悟空抓住他,说,"李长庚[4],你为什么假装成老人,让我看上去很笨?"

"很对不起,"李说。"但这些魔鬼真的非常强大。你有强大的力量,但对你来说还是非常困难。"

"谢谢。我希望你能去天宫,请玉皇大帝把他的士兵借给我们。"

"当然。只要你说这话,你就可以有一支十万士兵的军队。"

孙悟空回到了唐僧和其他人的身边。"等在这里,"他说,"我去看看四周。我会找到一些

---

[4] This is the immortal known as Bright Star of Venus. Sun Wukong is calling him by his personal name 长庚李 (Chánggēng Lǐ), literally, "Long Lived Li."

móguǐ. Wǒ huì zhuā zhù yígè, wèn tā wèntí, liǎojiě zhèlǐ fāshēng le shénme. Ránhòu wǒ huì gàosù móguǐmen liú zài tāmen de dòng lǐ, zhèyàng wǒmen jiù kěyǐ róngyì de tōngguò le."

Tā biàn chéng le yì zhī cāngying, zài shùzhī shàng děngzhe. Hěn cháng yíduàn shíjiān lǐ, tā méiyǒu kàndào rènhé rén. Zhè shí, yígè niánqīng de móguǐ yánzhe yìtiáo shānlù pǎo le guòlái. Niánqīng de móguǐ duì zìjǐ shuō, "Wǒmen bìxū xiǎoxīn. Wǒmen bìxū zhùyì nàge jiào Sūn de rén. Tā kěyǐ biàn chéng yì zhī cāngying!" Sūn Wùkōng yìzhí děngdào niánqīng de móguǐ pǎo le yuǎn yìdiǎn. Ránhòu tā biàn chéng le yígè niánqīng de móguǐ, bǐ nàge zhēn de niánqīng móguǐ gāo yìdiǎn, dàn hé tā chuān de yíyàng.

Tā hǎn dào, "Hēi, děng děng wǒ!"

Niánqīng de móguǐ zhuǎnguò shēn lái, shuō, "Nǐ shì shuí? Nǐ búshì wǒmen zhōng de yígè."

"Wǒ zài chúfáng gōngzuò."

"Bù, wǒmen de dàwáng fēicháng yángé. Chúfáng gōngzuò de rén zhǐ

魔鬼。我会抓住一个，问他问题，了解这里发生了什么。然后我会告诉魔鬼们留在他们的洞里，这样我们就可以容易地通过了。"

他变成了一只苍蝇，在树枝上等着。很长一段时间里，他没有看到任何人。这时，一个年轻的魔鬼沿着一条山路跑了过来。年轻的魔鬼对自己说，"我们必须小心。我们必须注意那个叫孙的人。他可以变成一只苍蝇！"孙悟空一直等到年轻的魔鬼跑了远一点。然后他变成了一个年轻的魔鬼，比那个真的年轻魔鬼高一点，但和他穿的一样。

他喊道，"嘿，等等我！"

年轻的魔鬼转过身来，说，"你是谁？你不是我们中的一个。"

"我在厨房工作。"

"不，我们的大王非常严格[5]。厨房工作的人只

---

[5] 严格　　　yángé – strict

néng zài chúfáng gōngzuò, shānshàng xúnluó de rén zhǐ néng zài shānshàng gōngzuò. Nǐ bù yīnggāi zài zhèlǐ."

Sūn Wùkōng xiǎng le yīhuǐ'er, ránhòu shuō, "Nǐ bù zhīdào, wǒ zài chúfáng lǐ zuò dé fēicháng hǎo, dédào le yí fèn xúnluó de xīn gōngzuò."

"Wǒ bù xiāngxìn nǐ. Ràng wǒ kàn kàn nǐ de tōngxíngzhèng."

Dāngrán, Sūn Wùkōng méiyǒu tōngxíngzhèng, yīnwèi tā bù zhīdào guānyú tōngxíngzhèng de shì. Tā shuō, "Ràng wǒ xiān kàn kàn nǐ de tōngxíngzhèng."

Niánqīng de móguǐ ná chū le tā de tōngxíngzhèng. Nà shì yíkuài jīnsè de páizi, shàngmiàn xiězhe "Xiǎo Zuānfēng." Sūn Wùkōng kàn le kàn, ránhòu shēnshǒu dào cháng yī de xiùzi lǐ, ná chū yíkuài yíyàng de jīn páizi, dànshì shàngmiàn xiězhe "Zǒng Zuānfēng."

Niánqīng de móguǐ jiàn le, mǎshàng jūgōng, shuō, "Xiānshēng, duìbùqǐ. Nǐ zuìjìn cái dédào zhè fèn gōngzuò, suǒyǐ wǒ bú rènshí nǐ."

能在厨房工作,山上巡逻的人只能在山上工作。你不应该在这里。"

孙悟空想了一会儿,然后说,"你不知道,我在厨房里做得非常好,得到了一份巡逻的新工作。"

"我不相信你。让我看看你的通行证[6]。"

当然,孙悟空没有通行证,因为他不知道关于通行证的事。他说,"让我先看看你的通行证。"

年轻的魔鬼拿出了他的通行证。那是一块金色的牌子,上面写着"小钻风。"孙悟空看了看,然后伸手到长衣的袖子里,拿出一块一样的金牌子,但是上面写着"总钻风。"

年轻的魔鬼见了,马上鞠躬,说,"先生,对不起。你最近才得到这份工作,所以我不认识你。"

---

[6] 通行证　　tōngxíngzhèng – pass (authority to enter)

Sūn Wùkōng shuō, "Méiguānxì, wǒ bù shēngqì."

Tāmen liǎ yìqǐ zǒu le yī, liǎng lǐ lù, zhídào tāmen zǒu dào le yíkuài yòu gāo yòu shòu de shítou. Sūn Wùkōng tiào le qǐlái, zuò zài shítou shàng. Ránhòu tā shuō, "Guòlái." Xiǎo Zuānfēng zhàn zài shítou fùjìn. Sūn Wùkōng duì tā shuō, "Wǒmen de dàwáng xiǎng shā sǐ, chī diào Táng sēng, dàn tā dānxīn Sūn de mólì. Wǒmen tīng shuō Sūn kěyǐ gǎibiàn tā de yàngzi, ràng tā kàn qǐlái xiàng wǒmen zhōng de yígè. Zhè jiùshì wèishénme tāmen ràng wǒ chéngwéi Zǒng Zuānfēng, suǒyǐ wǒ kěyǐ fāxiàn nǐ shì búshì zhēn de Zuānfēng. Gàosù wǒ, wǒmen de dàwáng yǒu shénme nénglì?"

Xiǎo Zuānfēng shuō, "Wǒmen de dàwáng yǒu qiángdà de lìliàng. Tā yícì chīdiàoguò shí wàn tiānshàng de zhànshì."

"Zhè zhēnshì fēng le. Wǒmen de dàwáng zuǐ zài dà, yě bù kěnéng chī diào shí wàn zhànshì a?"

"Wǒmen de dàwáng jiào Lán Máo Shī. Tā kěyǐ ràng zìjǐ biàn dé xiàng tiān yíyàng gāo, yě kěyǐ xiàng shūcài zhǒngzi yíyàng xiǎo. Yǒu yìtiān, tā hěn shēngqì, yīnwèi Wángmǔ Niángniáng méiyǒu yāoqǐng tā cānjiā tiāngōng de yànhuì. Tā kāishǐ le yì chǎng zhànzhēng. Yùhuáng Dàdì sòng

孙悟空说，"没关系，我不生气。"

他们俩一起走了一、两里路，直到他们走到了一块又高又瘦的石头。孙悟空跳了起来，坐在石头上。然后他说，"过来。"小钻风站在石头附近。孙悟空对他说，"我们的大王想杀死、吃掉唐僧，但他担心孙的魔力。我们听说孙可以改变他的样子，让他看起来像我们中的一个。这就是为什么他们让我成为总钻风，所以我可以发现你是不是真的钻风。告诉我，我们的大王有什么能力？"

小钻风说，"我们的大王有强大的力量。他一次吃掉过十万天上的战士。"

"这真是疯了。我们的大王嘴再大，也不可能吃掉十万战士啊？"

"我们的大王叫蓝毛狮。他可以让自己变得像天一样高，也可以像蔬菜种子一样小。有一天，他很生气，因为王母娘娘没有邀请他参加天宫的宴会。他开始了一场战争。玉皇大帝送

qù shí wàn tiānshàng de shìbīng hé tā zhàndòu. Wǒmen de dàwáng gěi le zìjǐ yígè shénqí de shēntǐ, zuǐbā xiàng chéng mén yíyàng dà. Tā zhǔnbèi chī diào suǒyǒu de shìbīng, dàn tāmen táopǎo le, suǒ shàng le tiāngōng de dàmén."

"Duì de. Xiànzài, gàosù wǒ guānyú dì èr gè dàwáng de shì."

"Wǒmen de dì èr gè dàwáng jiào Lǎo Huángyá Xiàng. Tā shēngāo sānshí chǐ, shēngyīn xiàng měilì de nǚrén, bízi xiàng lóng."

"Duì de. Nàme dì sān gè dàwáng ne?"

"Wǒmen de dì sān gè dàwáng jiào Yún Chéng Wànlǐ Dà Péng. Tā búshì láizì zhège shìjiè. Tā kěyǐ zhuǎn fēng bān hǎi. Tā dàizhe yígè jiàozuò Yīn Yáng Guàn de bǎobèi. Rènhé fàng rù guànzi lǐ de rén dōuhuì

去十万天上的士兵和他战斗。我们的大王给了自己一个神奇的身体，嘴巴像城门一样大。他准备吃掉所有的士兵，但他们逃跑了，锁上了天宫的大门。"

"对的。现在，告诉我关于第二个大王的事。"

"我们的第二个大王叫<u>老黄牙象</u>。他身高三十尺，声音像美丽的女人，鼻子像龙。"

"对的。那么第三个大王呢？"

"我们的第三个大王叫<u>云程万里大鹏</u>[7]。他不是来自这个世界。他可以转风搬海。他带着一个叫做<u>阴阳罐</u>的宝贝。任何放入罐子里的人都会

---

[7] Péng (鹏) is a huge bird of prey that transforms from a giant fish. The Daoist classic *Zhuangzi* begins with a famous story about this great bird: "In the northern darkness there is a fish and his name is Kun. The Kun is so huge I don't know how many thousand *li* he measures. He changes into a bird named Peng. The back of the Peng measures thousands of *li* across and, when he rises up and flies off, his wings are like clouds all over the sky. When the sea begins to move, this bird sets off for the southern darkness, which is the Lake of Heaven."

zài jǐ fēnzhōng lǐ biàn chéng yètǐ."

Sūn Wùkōng xiǎng, "Wǒ búpà nà zhī niǎo, dàn zuì hǎo dāngxīn nà guànzi!" Tā zhuǎnxiàng Xiǎo Zuānfēng shuō, "Duì de. Xiànzài gàosù wǒ, nǎ yígè xiǎng chī Táng héshang?"

"Nǐ bù zhīdào ma, xiānshēng? Tāmen dōu xiǎng! Wǒmen de dì yī gè dàwáng hé dì èr gè dàwáng zài Shīzi Shān shēnghuó le hěnduō nián. Wǒmen de dì sān gè dàwáng, Dà Péng, yǐqián zhù zài yìbǎi lǐ wài de lìng yígè guójiā. Wǔbǎi nián qián, tā chī diào le shǒudū zhōng de měi yí gè rén, bǎ guójiā lǐ shèng xià de rén dōu biàn chéng le móguǐ. Zuìjìn tā tīng shuō le Táng héshang yào lái. Tā tīng shuō, chī le Táng héshang ròu de rén, dōuhuì chángshēng bùlǎo. Dàn tā hàipà héshang de Sūn túdì. Suǒyǐ tā lái dào le zhèlǐ. Xiànzài, tā hé lìngwài liǎng gè dàwáng zhèngzài yìqǐ zhuā Táng héshang."

Zhè ràng Sūn Wùkōng fēicháng shēngqì. "Tāmen zěnme gǎn chī wǒ de shīfu?" Tā hǎn dào. Tā bá chū tā de bàng, hěn kuài shā sǐ le Xiǎo Zuānfēng móguǐ. "Ò, wǒ xiǎng tā yěshì hǎoxīn," tā xiǎng, "dàn yǐjīng nàyàng zuò le. Jiù nàyàng ba."

在几分钟里变成液体。"

孙悟空想,"我不怕那只鸟,但最好当心那罐子!"他转向小钻风说,"对的。现在告诉我,哪一个想吃唐和尚?"

"你不知道吗,先生?他们都想!我们的第一个大王和第二个大王在狮子山生活了很多年。我们的第三个大王,大鹏,以前住在一百里外的另一个国家。五百年前,他吃掉了首都[8]中的每一个人,把国家里剩下的人都变成了魔鬼。最近他听说了唐和尚要来。他听说,吃了唐和尚肉的人,都会长生不老。但他害怕和尚的孙徒弟。所以他来到了这里。现在,他和另外两个大王正在一起抓唐和尚。"

这让孙悟空非常生气。"他们怎么敢吃我的师父?"他喊道。他拔出他的棒,很快杀死了小钻风魔鬼。"哦,我想他也是好心,"他想,"但已经那样做了。就那样吧。"

---

8 首都　　　shǒudū – capital city

Tā ná qǐ yǐjīng sǐ le de Xiǎo Zuānfēng de jīn tōngxíngzhèng, bǎ tā jì zài yāo shàng. Ránhòu tā zuò le yígè mó shǒushì, gǎibiàn le tā de yàngzi, kàn qǐlái hé sǐ le de Xiǎo Zuānfēng yíyàng. Tā pǎo xiàng Shīzi Dòng. Dāng tā dào nàlǐ shí, tā kàn dào yǒu sìshí qún rén, měi qún yǒu 250 míng shìbīng, yígòng yǒu yí wàn míng shìbīng. Tā xiǎng, "Lǐ Chánggēng shuō de shì zhēn huà!"

Tā zǒu dào shāndòng ménkǒu. Jǐ míng shìbīng dǎngzhù tā, shuō, "Nǐ huílái le, Xiǎo Zuānfēng. Nǐ kàndào nàge jiào Sūn de rén le ma?"

"Shì de," Sūn Wùkōng huídá. "Wǒmen dōu yīnggāi fēicháng hàipà Sūn. Tā kàn qǐlái xiàng yígè dàshén, jǐ bǎi chǐ gāo. Tā shuō tā dǎsuàn yòng tā de mó bàng shā sǐ zhè zuò shānshàng suǒyǒu de móguǐ. Wǒ xiǎng, xiànzài, wǒmen de dàwáng xiǎng zhuā zhège Táng héshang. Dàn héshang zhǐyǒu jǐ jīn de ròu. Wǒmen de dàwáng bù kěnéng gěi wǒmen měi gè rén yīxiē héshàng de ròu. Suǒyǐ wǒ rènwéi wǒmen yīnggāi táozǒu, jiù wǒmen zìjǐ de shēngmìng."

"Nǐ shuō dé duì!" Tāmen hǎn dào, jǐ fēnzhōng hòu, yí wàn míng shìbīng dōu xiāoshī le.

他拿起已经死了的小钻风的金通行证，把它系在腰上。然后他做了一个魔手势，改变了他的样子，看起来和死了的小钻风一样。他跑向狮子洞。当他到那里时，他看到有四十群人，每群有250名士兵，一共有一万名士兵。他想，"李长庚说的是真话！"

他走到山洞门口。几名士兵挡住他，说，"你回来了，小钻风。你看到那个叫孙的人了吗？"

"是的，"孙悟空回答。"我们都应该非常害怕孙。他看起来像一个大神，几百尺高。他说他打算用他的魔棒杀死这座山上所有的魔鬼。我想，现在，我们的大王想抓这个唐和尚。但和尚只有几斤的肉。我们的大王不可能给我们每个人一些和尚的肉。所以我认为我们应该逃走，救我们自己的生命。"

"你说得对！"他们喊道，几分钟后，一万名士兵都消失了。

"Ǹ, zhè hěn róngyì!" Sūn Wùkōng duìzhe zìjǐ shuōdao. Tā zǒu jìn le shāndòng.

"嗯，这很容易！"<u>孙悟空</u>对着自己说道。他走进了山洞。

Dì 75 Zhāng

Sūn Wùkōng zǒu jìn shāndòng shí kàndào le shénme?

    Kūlóu shān

    Shītǐ shān

    Gǔ sēnlín

    Rén tóu hé tóufà chéng duī

    Xuě de hǎi

    Zhǔ rénròu de wèidào

    Zhǐyǒu Sūn Wùkōng cái gǎn jìnqù!

Tā zǒuguò kūlóu, shītǐ hé gǔtou. Chuānguò dì èr shàn mén hòu, tā lái dào le dòng lǐ, yígè ānjìng, hépíng, měilì de dìfāng. Tā yòu zǒu le liǎng, sān lǐ, chuānguò le dì sān shàn mén. Zài zhèlǐ, tā kàndào yìbǎi líng shí míng shēn chuān kuījiǎ de shìbīng. Zài shāndòng de zhōngjiān, sān gè móguǐ zuò zài yǐzi shàng. Tāmen zhǎng shénme yàngzi?

Zhōngjiān de móguǐ shì

    Yuán tóu fāng liǎn

    Shēngyīn xiàng léi shēng

第 75 章

孙悟空走进山洞时看到了什么?

骷髅山
尸体山
骨森林
人头和头发成堆
血的海
煮人肉的味道
只有孙悟空才敢进去!

他走过骷髅、尸体和骨头。穿过第二扇门后,他来到了洞里,一个安静、和平、美丽的地方。他又走了两、三里,穿过了第三扇门。在这里,他看到一百零十名身穿盔甲的士兵。在山洞的中间,三个魔鬼坐在椅子上。他们长什么样子?

中间的魔鬼是

圆头方脸
声音像雷声

Yǎnjīng xiàng shǎndiàn

Tā shì suǒyǒu dòngwù de wáng

Zhè shì dà móguǐ, Lán Máo Shī.

Tā zuǒbiān de móguǐ shì

Bái liǎn xiàng niú

Jīnsè de yǎnjīng hé liǎng gēn cháng cháng de huáng xiàngyá

Cháng bí yínfà

Tóuxiàng wěibā

Jùdà de shēntǐ, dàn shēngyīn xiàng yígè niánqīng de nǚrén

Zhè shì èr móguǐ, Lǎo Huángyá Xiàng.

Tā yòubiān de móguǐ shì

Jīnsè de chìbǎng, jùdà de tóu

Bàozi yǎnjīng xiàng xīngxīng yíyàng míngliàng

Tā xiàng nán fēixíng shí néng yáodòng běifāng

Lóng dōu pà tā

Tā zài yún zhōng kěyǐ fēixíng sān wàn lǐ

Zhè shì sān móguǐ, Dà Péng.

Sūn Wùkōng bú hàipà. Tā kàn qǐlái réngrán xiàng Xiǎo Zuānfēng. Tā zǒu

眼睛像闪电

他是所有动物的王

这是大魔鬼，<u>蓝毛狮</u>。

他左边的魔鬼是

白脸像牛

金色的眼睛和两根长长的黄象牙

长鼻银发

头像尾巴

巨大的身体，但声音像一个年轻的女人

这是二魔鬼，<u>老黄牙象</u>。

他右边的魔鬼是

金色的翅膀、巨大的头

豹子眼睛像星星一样明亮

他向南飞行时能摇动北方

龙都怕他

他在云中可以飞行三万里

这是三魔鬼，<u>大鹏</u>。

<u>孙悟空</u>不害怕。他看起来仍然像<u>小钻风</u>。他走

dào sān gè móguǐ miànqián shuō, "Bìxià, wǒ qù zhǎo yígè jiào Sūn de túdì. Wǒ zhǎodào tā le. Tā yìbǎi duō chǐ gāo. Dāng wǒ kàndào tā de shíhòu, tā zhèngzài wán tā shénqí de jīn gū bàng. Tā duì tā zìjǐ shuō, tā zhèng zhǔnbèi gōngjī bìxià."

"Kuài!" qízhōng yí wèi dàjiàng hǎn dào, "Ràng suǒyǒu rén dōu jìn shāndòng, guānshàng dàmén. Ràng Táng héshang hé tā de túdì cóng wǒmen de tǔdì shàng guòqù."

Qízhōng yì míng shìbīng huídá shuō, "Xiānshēng, xiǎo móguǐ dōu pǎo le. Tāmen yídìng shì hàipà le."

Shìbīngmen guānshàng le tōng xiàng shāndòng de dàmén. Sūn Wùkōng shuō, "Bìxià, xiǎoxīn diǎn. Zhège Sūn kěyǐ biàn chéng yì zhī cāngying." Ránhòu tā cóng tóushàng bá xià yì gēn tóufà, chuī le chuī, xiǎoshēng shuō, "Biàn!" bǎ tā biàn chéng le yì zhī jīnsè de cāngying.

Cāngying fēi xiàng Lán Máo Shī de liǎn. Shīzi hǎn dào, "Xiōngdìmen, tā jiù zài wǒmen de dòng lǐ!" Sūn Wùkōng xiào le qǐlái. Dànshì zài tā xiào de shíhòu, yǒu jǐ miǎozhōng tā de liǎn yòu biàn huí dào le hóuzi de yàngzi.

到三个魔鬼面前说，"陛下，我去找一个叫孙的徒弟。我找到他了。他一百多尺高。当我看到他的时候，他正在玩他神奇的金箍棒。他对他自己说，他正准备攻击陛下。"

"快！"其中一位大将喊道，"让所有人都进山洞，关上大门。让唐和尚和他的徒弟从我们的土地上过去。"

其中一名士兵回答说，"先生，小魔鬼都跑了。他们一定是害怕了。"

士兵们关上了通向山洞的大门。孙悟空说，"陛下，小心点。这个孙可以变成一只苍蝇。"然后他从头上拔下一根头发，吹了吹，小声说，"变！，"把它变成了一只金色的苍蝇。

苍蝇飞向蓝毛狮的脸。狮子喊道，"兄弟们，他就在我们的洞里！"孙悟空笑了起来。但是在他笑的时候，有几秒钟他的脸又变回到了猴子的样子。

Dà Péng kàndào le zhè, pǎo shàng qián qù, zhuā zhù le Sūn Wùkōng. Tā hǎn dào, "Zhè búshì Xiǎo Zuānfēng, zhè shì Sūn tā zìjǐ! Tā yídìng shì shā le zhēn de Xiǎo Zuānfēng, biàn chéng tā de yàngzi lái piàn wǒmen." Dà Péng bǎ Sūn Wùkōng dǎdǎo zài dìshàng, yòng shéngzi bǎ tā bǎng qǐlái, lā diào tā de yīfú. Yīfú xiàmiàn, tā kàn qǐlái réngrán xiàng yì zhī hóuzi. Tā yǒu yìtiáo cháng cháng de wěibā, shàngmiàn zhǎngzhe zōngsè de máofà.

"Wǒmen zhuā zhù tā le!" Lán Máo Shī hǎn dào. "Kuài, bǎ tā fàng jìn guànzi lǐ!" Tā ràng sānshíliù gè xiǎo móguǐ qù ná guànzi. Guànzi hěn xiǎo, zhǐyǒu liǎng chǐ sì cùn gāo. Dànshì tā hěn zhòng, yīnwèi tā shì yīnyáng bǎobèi. Xūyào sānshíliù gè rén lái tái tā, měi yí gè duì zhe Běidǒu Xīngzuò zhōng de yì kē xīng. Xiǎo móguǐ ná lái le guànzi. Tāmen qǔ xià le gàizi. Sūn Wùkōng mǎshàng bèi guànzi lǐ fāchū de mó wùqì xī le jìnqù. Tāmen gài shàng le guànzi.

"Hā!" móguǐmen shuō. "Nà zhī hóuzi kěyǐ wàngjì tā de

大鹏看到了这，跑上前去，抓住了孙悟空。他喊道，"这不是小钻风，这是孙他自己！他一定是杀了真的小钻风，变成他的样子来骗我们。"大鹏把孙悟空打倒在地上，用绳子把他绑起来，拉掉他的衣服。衣服下面，他看起来仍然像一只猴子。他有一条长长的尾巴，上面长着棕色的毛发。

"我们抓住他了！"蓝毛狮喊道。"快，把他放进罐子里！"他让三十六个小魔鬼去拿罐子。罐子很小，只有两尺四寸高。但是它很重，因为它是阴阳宝贝。需要三十六个人来抬它，每一个对着北斗星座[9]中的一颗星。小魔鬼拿来了罐子。他们取下了盖子。孙悟空马上被罐子里发出的魔雾气吸了进去。他们盖上了罐子。

"哈！"魔鬼们说。"那只猴子可以忘记他的

---

[9] In ancient Chinese astrology, the Big Dipper constellation has 36 stars representing heavenly spirits and 72 stars representing demons. In the classic novel *The Water Margin* (水浒传) these 108 stars, called the Stars of Destiny, band together to fight for justice.

xīyóu le. Tā zhǐ néng jīng guo dà Zhuǎnshì Lún, cáinéng jiàn dào fózǔ." Ránhòu tāmen dōu qù le lìng yígè fángjiān, fàngsōng hējiǔ.

Sūn Wùkōng ràng zìjǐ biàn dé fēicháng xiǎo. Tā zài guànzi lǐ zuò le xiàlái. Liáng liáng de, hěn shūfú. Tā xiàozhe shuō, "Zhèxiē móguǐ cuò le. Tāmen shuō zhège guànzi lǐ de rènhé rén dūhuì zài jǐ fēnzhōng lǐ sǐqù. Dàn zhèlǐ hěn shūfú, wǒ kěyǐ zài zhèlǐ zhù shàng jǐ nián."

Dàn tā bù zhīdào guànzi de mólì. Zhǐyào qiúfàn ānjìng, guànzi jiù liáng liáng de, hěn shūfú. Dàn qiúfàn yì kāikǒu, huǒ jiù kāishǐ le. Guànzi lǐ hěn kuài jiù biàn dé hěn rè. Sūn Wùkōng yòng shǒu zuò le yígè mó shǒushì, bǎohù zìjǐ bú shòudào huǒ de shānghài. Ránhòu sìshí tiáo shé lái yǎo tā. Tā zhuā zhù tāmen, bǎ tāmen fēnchéng bāshí kuài. Zhè shí, sāntiáo huǒlóng fēi le guòlái, zài tā tóudǐng shàng fēi lái fēi qù.

Tā dānxīn huǒlóng, suǒyǐ tā zuò le yígè mó shǒushì, zhǎng dào shí'èr chǐ gāo. Guànzi yě zhǎng dà le. Ránhòu tā bǎ zìjǐ biàn dé xiàng shūcài zhǒngzi yíyàng xiǎo. Guànzi yě biàn xiǎo le. Bùguǎn zěnyàng zuò, tā dōu bèi kùn zài guànzi lǐ. Qízhōng yìtiáo huǒlóng zài tā de

西游了。他只能经过大转世轮，才能见到佛祖。"然后他们都去了另一个房间，放松喝酒。

孙悟空让自己变得非常小。他在罐子里坐了下来。凉凉的，很舒服。他笑着说，"这些魔鬼错了。他们说这个罐子里的任何人都会在几分钟里死去。但这里很舒服，我可以在这里住上几年。"

但他不知道罐子的魔力。只要囚犯安静，罐子就凉凉的，很舒服。但囚犯一开口，火就开始了。罐子里很快就变得很热。孙悟空用手做了一个魔手势，保护自己不受到火的伤害。然后四十条蛇来咬他。他抓住它们，把它们分成八十块。这时，三条火龙飞了过来，在他头顶上飞来飞去。

他担心火龙，所以他做了一个魔手势，长到十二尺高。罐子也长大了。然后他把自己变得像蔬菜种子一样小。罐子也变小了。不管怎样做，他都被困在罐子里。其中一条火龙在他的

jiǎo shàng chuī huǒ, tā kāishǐ gǎndào hěn tòng.

Tā kāishǐ kū le qǐlái. Dàn hòulái tā xiǎngqǐ le yìxiē shìqing. Tā duì zìjǐ shuō, "Hěnduō nián qián, púsà gěi le wǒ sān gēn shénqí de máofà. Wǒ bù zhīdào wǒ shì búshì hái yǒu tāmen." Tā de shǒu zài zìjǐ de shēntǐ shàng zhǎo. Tā suǒyǒu de máofà dōu hěn ruǎn, dàn tā zài hòunǎo shàng fāxiàn le sān gēn hěn yìng de máo.

Tā cóng tóushàng bá xià nà sān gēn yìng máo, yòng mó qì chuī zài shàngmiàn, shuō, "Biàn!" Dì yī gēn máo biàn chéng le zuànzi, dì èr gēn máo biàn chéng le zhú tiáo, dì sān gēn máo biàn chéng le sīxiàn. Tā bǎ tāmen fàng zài yìqǐ, zuò le yígè mó zuān. Tā zài guànzi dǐ zuān le yígè xiǎo dòng. Yīnyáng de lìliàng cóng dòng lǐ liú le chūlái. Guànzi biàn liáng le. Sūn Wùkōng biàn chéng yì zhī xiǎo chóng, cóng dòng lǐ táo le chūlái. Tā fēi le chūqù, tíng zài le Lán Máo Shī de tóu shàng.

"Sān gē," Lán Máo Shī shuō, "nà zhī hóuzi yǐjīng biàn chéng yètǐ le ma?" Dà Péng ràng yìxiē chuán mìnglìng de rén bǎ guànzi ná lái.

"Guànzi tài qīng le!" tā hǎn dào. Ránhòu tā dǎkāi gàizi, wǎng lǐmiàn kàn. "Tā shì kōng de. Hóuzi táozǒu le. Zhǎodào

脚上吹火,他开始感到很痛。

他开始哭了起来。但后来他想起了一些事情。他对自己说,"很多年前,菩萨给了我三根神奇的毛发。我不知道我是不是还有它们。"他的手在自己的身体上找。他所有的毛发都很软,但他在后脑上发现了三根很硬的毛。

他从头上拔下那三根硬毛,用魔气吹在上面,说,"变!"第一根毛变成了钻子,第二根毛变成了竹条,第三根毛变成了丝线。他把它们放在一起,做了一个魔钻。他在罐子底钻了一个小洞。阴阳的力量从洞里流了出来。罐子变凉了。孙悟空变成一只小虫,从洞里逃了出来。他飞了出去,停在了蓝毛狮的头上。

"三哥,"蓝毛狮说,"那只猴子已经变成液体了吗?"大鹏让一些传命令的人把罐子拿来。

"罐子太轻了!"他喊道。然后他打开盖子,往里面看。"它是空的。猴子逃走了。找到

tā!"

Sūn Wùkōng pǎo chū shāndòng, dàshēng hǎn dào, "Wǒ zài guànzi shàng dǎ le gè dòng, táo le chūlái. Yīnyáng yě táozǒu le. Xiànzài nǐ kěyǐ yòng nǐ de guànzi zuò yígè mǎtǒng le!"

Tā gāoxìng de dà hǎn dà jiào, tiàowǔ, cóng yún shàng fēi xiàng Tángsēng. Dāng tā zǒu jìn shí, tā dītóu kàn. Tángsēng shuāngshǒu fàng zài xiōng qián. Tā zài shuō,

> Ò, nǐmen zhèxiē yún zhōng de shénxiān
> Bǎohù wǒ de túdì
> Tā yǒu qiángdà de lìliàng, tā yǒu wúbiān de mófǎ
> Hǎo hóuzi, Sūn Wùkōng.

Sūn Wùkōng lái dào dìshàng. Tā bǎ zhěnggè shìqing dōu gàosù le Tángsēng. Tā shuō wán hòu, Tángsēng shuō, "Suǒyǐ, nǐ méiyǒu hé èmó zhàndòu. Suǒyǐ, wǒ bùgǎn guò zhè zuò shān."

"Shīfu, yǒu sān dà móguǐ hé jǐ wàn gè xiǎo móguǐ. Wǒ yígè rén zěnme hé tāmen zhàndòu ne?"

"Zhū hé Shā yěyǒu yìxiē jìshù. Ràng tāmen bāngzhù nǐ."

他！"

孙悟空跑出山洞，大声喊道，"我在罐子上打了个洞，逃了出来。阴阳也逃走了。现在你可以用你的罐子做一个马桶了！"

他高兴地大喊大叫，跳舞，从云上飞向唐僧。当他走近时，他低头看。唐僧双手放在胸前。他在说，

> 哦，你们这些云中的神仙
> 保护我的徒弟
> 他有强大的力量，他有无边的魔法
> 好猴子，孙悟空。

孙悟空来到地上。他把整个事情都告诉了唐僧。他说完后，唐僧说，"所以，你没有和恶魔战斗。所以，我不敢过这座山。"

"师父，有三大魔鬼和几万个小魔鬼。我一个人怎么和他们战斗呢？"

"猪和沙也有一些技术。让他们帮助你。"

"Hǎo de," tā zhuǎnxiàng qítā túdì. "Shā, nǐ bǎohù shīfu. Zhū, nǐ gēn wǒ lái."

"Gēge," Zhū shuō, "wǒ néng bāng nǐ shénme? Wǒ shénme dōu zuò bùliǎo."

"Nǐ zhīdào yǒu jù huà, 'Jíshǐ shì pì yě néng ràng fēng gèng qiáng.' Wǒ xiāngxìn nǐ huì yǒu bāngzhù de."

Suǒyǐ, Sūn Wùkōng hé Zhū fēi huí le shāndòng. Dàmén guānzhe. Sūn Wùkōng dà hǎn, "Kāimén, xié'è de yāoguài! Chūlái hé lǎo hóuzi zhàndòu ba!"

Liǎng gè móguǐ tài hàipà le, bù gǎn chūlái, dàn Lán Máo Shī duì tā de xiōngdìmen shuō, "Wǒmen zài zhège dìfāng de shēngyù yǐjīng hěn huài le. Rúguǒ wǒmen bù hé Sūn zhàndòu, wǒmen de shēngyù huì gèng huài. Wǒ huì qù nàlǐ hé tā zhàndòu. Rúguǒ wǒ bùnéng hé tā zhàndòu dào dì sān gè láihuí, wǒ huì huí dào dòng lǐ, wǒmen huì ràng tāmen tōngguò, ràng tāmen qù xīfāng."

Lán Máo Shī chuān shàng jīnsè de kuījiǎ, zǒuchū le shāndòng. Tā yòng léi shēng yíyàng de shēngyīn shuō, "Shuí zài qiāo wǒ de mén?"

"好的,"他转向其他徒弟。"沙,你保护师父。猪,你跟我来。"

"哥哥,"猪说,"我能帮你什么?我什么都做不了。"

"你知道有句话,'即使是屁也能让风更强。'我相信你会有帮助的。"

所以,孙悟空和猪飞回了山洞。大门关着。孙悟空大喊,"开门,邪恶的妖怪!出来和老猴子战斗吧!"

两个魔鬼太害怕了,不敢出来,但蓝毛狮对他的兄弟们说,"我们在这个地方的声誉已经很坏了。如果我们不和孙战斗,我们的声誉会更坏。我会去那里和他战斗。如果我不能和他战斗到第三个来回,我会回到洞里,我们会让他们通过,让他们去西方。"

蓝毛狮穿上金色的盔甲,走出了山洞。他用雷声一样的声音说,"谁在敲我的门?"

"Shì nǐ de Sūn yéye, Qí Tiān Dà Shèng," Sūn Wùkōng shuō.

"Wǒ cónglái méiyǒu gěi nǐ zhǎoguò rènhé de máfan. Nǐ wèishénme xiànzài yào hé wǒ zhàndòu?"

"Shénme? Nǐ zěnme néng shuō 'méiyǒu máfan' ne? Nǐ de húlí hé gǒu zhèng xiǎng yào zhuā zhù wǒ de shīfu, ránhòu chī diào tā."

"Hǎo ba, wǒmen zhàndòu ba. Dàn wǒ bú huì yòng wǒ de shìbīng, nǐ yě bùnéng dédào rènhé rén de bāngzhù. Zhǐyǒu nǐ hé wǒ." Sūn Wùkōng diǎn le diǎn tóu, ràng Zhū tuì hòu.

Lán Máo Shī shuō, "Guòlái. Ràng wǒ yòng jiàn kǎn nǐ de tóu sāncì. Rúguǒ nǐ méiyǒu bèi kǎn sǐ, wǒ huì ràng nǐ hé nǐ de shīfu tōngguò."

Sūn Wùkōng zhànzhe, yí dòng búdòng. Lán Máo Shī yòng shuāngshǒu jǔ qǐ tā de jù jiàn, bǎ tā kǎn zài hóuzi de tóudǐng shàng. Yìshēng jù xiǎng, dàn Sūn Wùkōng de tóu yìdiǎn yě méi shòushāng.

"Nǐ zhēn de yǒu yígè hěn yìng de tóu!" Lán Máo Shī shuō.

"Nǐ de jiàn búshì hěn kuài. Lái ba, zài ràng nǐ kǎn yícì."

"是你的孙爷爷，齐天大圣，"孙悟空说。

"我从来没有给你找过任何的麻烦。你为什么现在要和我战斗？"

"什么？你怎么能说'没有麻烦'呢？你的狐狸和狗正想要抓住我的师父，然后吃掉他。"

"好吧，我们战斗吧。但我不会用我的士兵，你也不能得到任何人的帮助。只有你和我。"孙悟空点了点头，让猪退后。

蓝毛狮说，"过来。让我用剑砍你的头三次。如果你没有被砍死，我会让你和你的师父通过。"

孙悟空站着，一动不动。蓝毛狮用双手举起他的巨剑，把它砍在猴子的头顶上。一声巨响，但孙悟空的头一点也没受伤。

"你真的有一个很硬的头！"蓝毛狮说。

"你的剑不是很快。来吧，再让你砍一次。"

Lán Máo Shī yòng quánlì zàicì kǎn tā. Zhè yícì, Sūn Wùkōng de tóu bèi kǎn chéng le liǎng bàn. Tā zài dìshàng dǎgǔn, biàn chéng liǎng gè shēntǐ. Lán Máo Shī bèi xià huài le. Zhū zài bù yuǎn de dìfāng kànzhe. Tā xiàozhe shuō, "Qù ba, zài kǎn tā. Nǐ jiù huì yǒu sì zhī hóuzi lái hé nǐ zhàndòu!"

Lán Máo Shī dì sān cì xiǎng yào kǎn Sūn Wùkōng, dàn hóuzi jǔ qǐ le tā de jīn gū bàng, dǎngzhù le zhè yí jī. Tāmen kāishǐ zhàndòu. Hóuzi yòng tā de mó bàng, shīzi yòng tā de jù jiàn. Tāmen zài dìshàng hé tiānshàng zhàndòu. Tiānkōng zhōng dōu shì yún, dàdì gài mǎn le wù. Hǎo de hé è de dǎ le èrshí gè láihuí, dàn dōu méi néng yíng. Ránhòu Zhū pǎo le jìnlái, jiārù le zhàndòu. Yāoguài xià huài le, táo le. Sūn Wùkōng zhuīzhe tā pǎo. Shīzi zhuǎnguòshēn lái, zhāngdà zuǐ, yìkǒu tūn xià le hóuzi.

Zhū kàndào zhè. Tā hǎn dào, "Ò, xiōngdì, nǐ hěn bèn. Nǐ wèishénme yào zǒu dào yāoguài nàlǐ? Nǐ jīntiān háishì yígè héshang, dàn míngtiān nǐ jiùshì yì duī shǐ."

Dīzhe tóu, Zhū màn màn de zǒu huí dào Tángsēng hé Shā de shēnbiān. Tā shuō, "Shā, qù ná xínglǐ ba. Wǒmen měi gè rén dōu yīnggāi ná yìxiē dōngxī, ránhòu fēnkāi. Nǐ kěyǐ huí dào nǐ de hé lǐ,

蓝毛狮用全力再次砍他。这一次,孙悟空的头被砍成了两半。他在地上打滚,变成两个身体。蓝毛狮被吓坏了。猪在不远的地方看着。他笑着说,"去吧,再砍他。你就会有四只猴子来和你战斗!"

蓝毛狮第三次想要砍孙悟空,但猴子举起了他的金箍棒,挡住了这一击。他们开始战斗。猴子用他的魔棒,狮子用他的巨剑。他们在地上和天上战斗。天空中都是云,大地盖满了雾。好的和恶的打了二十个来回,但都没能赢。然后猪跑了进来,加入了战斗。妖怪吓坏了,逃了。孙悟空追着他跑。狮子转过身来,张大嘴,一口吞下了猴子。

猪看到这。他喊道,"哦,兄弟,你很笨。你为什么要走到妖怪那里?你今天还是一个和尚,但明天你就是一堆屎。"

低着头,猪慢慢地走回到唐僧和沙的身边。他说,"沙,去拿行李吧。我们每个人都应该拿一些东西,然后分开。你可以回到你的河里,

jìxù chī rén. Wǒ huì huí dào wǒ de cūnzhuāng, qù jiàn wǒ de qīzi. Wǒmen kěyǐ mài diào báimǎ, wèi shīfu mǎi guāncai." Tángsēng tīngdào zhè huà, kāishǐ kū le qǐlái.

Zhège shíhòu, Lán Máo Shī huí dào le tā de shāndòng. "Wǒ zhuādào le tāmen zhōng de yígè," tā duì tā de xiōngdìmen shuō. "Tā zài wǒ de dùzi lǐ."

Dà Péng shuō, "Gēge, nǐ bù yīnggāi chī hóuzi. Tā bù hǎo chī."

"Wǒ hěn hǎo chī, " Sūn Wùkōng zài Lán Máo Shī de dùzi lǐ shuō. "Nǐ zài yě bú huì è le."

Dāng Lán Máo Shī tīngdào dùzi lǐ chuán lái yígè shēngyīn de shíhòu, tā biàn dé hěn hàipà. Tā ràng yìxiē xiǎo móguǐ gěi tā ná yìxiē rè yánshuǐ. Tā hěn kuài de hē le xiàqù, xīwàng néng bǎ Sūn Wùkōng cóng dùzi lǐ tǔ chūlái. Dàn Sūn Wùkōng jǐn jǐn zhuā zhù yāoguài de dùzi, bù kěn chūlái.

"Wǒ bùxiǎng chūlái," tā shuō. "Wǒ zuò le hǎo jǐnián de héshang, zǒng shì yòu lěng yòu è. Dàn zhèlǐ fēicháng wēnnuǎn, yǒu hěnduō dōngxi kěyǐ chī. Wǒ xiǎng wǒ zhěnggè dōngtiān dōuhuì liú zài zhè

继续吃人。我会回到我的村庄，去见我的妻子。我们可以卖掉白马，为师父买棺材。"唐僧听到这话，开始哭了起来。

这个时候，蓝毛狮回到了他的山洞。"我抓到了他们中的一个，"他对他的兄弟们说。"他在我的肚子里。"

大鹏说，"哥哥，你不应该吃猴子。他不好吃。"

"我很好吃，"孙悟空在蓝毛狮的肚子里说。"你再也不会饿了。"

当蓝毛狮听到肚子里传来一个声音的时候，他变得很害怕。他让一些小魔鬼给他拿一些热盐水。他很快地喝了下去，希望能把孙悟空从肚子里吐出来。但孙悟空紧紧抓住妖怪的肚子，不肯出来。

"我不想出来，"他说。"我做了好几年的和尚，总是又冷又饿。但这里非常温暖，有很多东西可以吃。我想我整个冬天都会留在这

lǐ."

"Nà wǒ jiù bù chī dōngxi, nǐ huì è sǐ."

"Wǒ bú zhème rènwéi. Wǒ yǒu yígè búcuò de zhǔ fàn guō. Wǒ huì shēnghuǒ, zhǔ nǐ shēntǐ lǐ de suǒyǒu qìguān. Rúguǒ yān tài duō, wǒ huì zài nǐ de tóu shàng dǎ gè dòng, yòng tā zuò yāncōng. Zhè yě huì gěi wǒ yìxiē tàiyáng guāng."

Lán Máo Shī yào le yìxiē jiǔ. Tā hē le yìbēi yòu yìbēi de jiǔ. Dāng jiǔ jìn dào yāoguài de dùzi lǐ shí, Sūn Wùkōng bǎ tā hē le. Guò le yīhuǐ'er, tā hē zuì le. Tā pǎo lái pǎo qù, fān jīndǒu, cóng dùzi lǐmiàn tī yāoguài. Fēicháng kěpà de tòng. Zuìhòu, guàiwù dǎo zài dìshàng, yūn le guòqù.

里。"

"那我就不吃东西，你会饿死。"

"我不这么认为。我有一个不错的煮饭锅。我会生火，煮你身体里的所有器官[10]。如果烟太多，我会在你的头上打个洞，用它做烟囱[11]。这也会给我一些太阳光。"

蓝毛狮要了一些酒。他喝了一杯又一杯的酒。当酒进到妖怪的肚子里时，孙悟空把它喝了。过了一会儿，他喝醉了。他跑来跑去，翻筋斗，从肚子里面踢妖怪。非常可怕的痛。最后，怪物倒在地上，晕了过去。

---

10 器官　　qìguān – organ (of body)
11 烟囱　　yāncōng – chimney

Dì 76 Zhāng

Yāoguài tǎng le jǐ fēnzhōng, yí dòng búdòng, ránhòu duì dùzi lǐ de hóuzi shuō, "Ò, púsà, Qí Tiān Dà Shèng, duì wǒ réncí yìdiǎn!"

"Ò, jiào wǒ Sūn yéye ba," Sūn Wùkōng huídá.

"Sūn yéye! Sūn yéye! Wǒ bù yīnggāi chī le nǐ, duìbùqǐ! Qǐng ràng wǒ huózhe. Wǒ méiyǒu rènhé bǎobèi kěyǐ gěi nǐ. Dàn wǒ huì yòng wǒ de jiàozi, bǎ nǐ de shīfu tái guò shān."

"Nà huì bǐ bǎobèi gèng hǎo. Zhāng kāi nǐ de zuǐ, wǒ yào chūlái le."

Jiù zài yāoguài kāishǐ zhāng kāi dà zuǐ de shíhòu, Dà Péng ānjìng de shuō, "Hóuzi cóng nǐ zuǐ lǐ chūlái de shíhòu, yǎo tā, jǔjué tā, chī diào tā. Jiéshù le tā." Dāngrán, Sūn Wùkōng tīngdào le zhè yíqiè. Suǒyǐ, dāng Lán Máo Shī zhāngkǒu shí, Sūn Wùkōng bǎ tā de jīn gū bàng cóng yāoguài de zuǐ lǐ tuīchū. Yāoguài yǎo le bàng, yǎo duàn le tā de yì kē yáchǐ.

"Suǒyǐ!" Sūn Wùkōng shuō, "nǐ búshì yígè hǎo yāoguài.

第 76 章

妖怪躺了几分钟，一动不动，然后对肚子里的猴子说，"哦，菩萨，齐天大圣，对我仁慈一点！"

"哦，叫我孙爷爷吧，"孙悟空回答。

"孙爷爷！孙爷爷！我不应该吃了你，对不起！请让我活着。我没有任何宝贝可以给你。但我会用我的轿子，把你的师父抬过山。"

"那会比宝贝更好。张开你的嘴，我要出来了。"

就在妖怪开始张开大嘴的时候，大鹏安静地说，"猴子从你嘴里出来的时候，咬他，咀嚼他，吃掉他。结束了他。"当然，孙悟空听到了这一切。所以，当蓝毛狮张口时，孙悟空把他的金箍棒从妖怪的嘴里推出。妖怪咬了棒，咬断了他的一颗牙齿。

"所以！"孙悟空说，"你不是一个好妖怪。

Wǒ ràng nǐ huózhe, dàn nǐ xiǎng yào shā le wǒ. Xiànzài wǒ jiù liú zài nǐ de dùzi lǐ."

Dà Péng tīngdào le zhè jù huà. Tā xiǎng ràng Sūn Wùkōng shēngqì. Tā shuō, "Hóuzi, wǒ tīngshuōguò nǐ zài nán tiānmén wài de qiángdà, yě tīngshuōguò nǐ shā le xǔduō móguǐ. Dàn xiànzài wǒ juédé nǐ hěn xiǎo, hěn xūruò. Nǐ duǒ zài wǒ gēge de dùzi lǐ. Xiànzài jiù chūlái hé wǒ zhàndòu ba!"

"Nǐ zhīdào wǒ cóng lǐmiàn shā sǐ zhège yāoguài hěn róngyì. Dàn zhè huì shānghài wǒ de shēngyù. Suǒyǐ wǒ huì chūlái. Dànshì wǒmen bù yīnggāi zài zhège shāndòng lǐ zhàndòu, tā tài xiǎo le. Wǒmen bìxū zhǎodào yígè kěyǐ yòng wǒ de bàng de dìfāng."

Lìngwài liǎng gè móguǐ bǎ Lán Máo Shī tái chū le shāndòng. Sān wàn gè xiǎo móguǐ wéi zhù le tāmen. Tāmen dōu yǒu wǔqì. Tāmen děngzhe Sūn Wùkōng cóng yāoguài de dùzi lǐ chūlái.

Sūn Wùkōng cóng tóushàng bá xià yì gēn máofǎ, shuō le yíjù "Biàn," jiù bǎ tā biàn chéng le yì gēn sìbǎi chǐ cháng de xì shéngzi. Tā bǎ shéng de yìtóu bǎng zài yāoguài de xīnzàng shàng. Tā shǒu lǐ

我让你活着,但你想要杀了我。现在我就留在你的肚子里。"

大鹏听到了这句话。他想让孙悟空生气。他说,"猴子,我听说过你在南天门外的强大,也听说过你杀了许多魔鬼。但现在我觉得你很小、很虚弱。你躲在我哥哥的肚子里。现在就出来和我战斗吧!"

"你知道我从里面杀死这个妖怪很容易。但这会伤害我的声誉。所以我会出来。但是我们不应该在这个山洞里战斗,它太小了。我们必须找到一个可以用我的棒的地方。"

另外两个魔鬼把蓝毛狮抬出了山洞。三万个小魔鬼围住了他们。他们都有武器。他们等着孙悟空从妖怪的肚子里出来。

孙悟空从头上拔下一根毛发,说了一句"变,"就把它变成了一根四百尺长的细[12]绳子。他把绳的一头绑在妖怪的心脏上。他手里

---

[12] 细　　　xì – thin

názhe lìng yìtóu. Ránhòu tā bǎ zìjǐ biàn dé hěn xiǎo. Tā bùxiǎng màoxiǎn yuèguò yāoguài hěn jiān de yáchǐ, suǒyǐ tā pá jìn le yāoguài de bízi. Guàiwù dǎ le gè pēntì, Sūn Wùkōng cóng bízi lǐ fēi le chūlái.

Hóuzi mǎshàng zhǎng dào sānshí chǐ gāo. Tā kāishǐ hé sān gè dà yāoguài hái yǒu jǐ wàn gè xiǎo móguǐ zhàndòu. Dànshì dírén tài duō le, suǒyǐ tā yòng tā de jīndǒu yún fēi dào le fùjìn de shāndǐng. Ránhòu tā lādòng le shéngzi. Tā jǐn jǐn de bǎngzhe Lán Máo Shī de xīnzàng. Yāoguài tòngkǔ de dǎo zài dìshàng.

Sūn Wùkōng hěn shēngqì. Tā xiàng tāmen hǎn dào, "Nǐmen shénme dōu búshì, zhǐshì yìqún yǒuzuì de rén. Nǐmen chéngnuò ràng wǒ cóng yāoguài de dùzi lǐ chūlái, ránhòu nǐmen yào yǎo wǒ. Nǐmen chéngnuò wǒmen yī duì yī de zhàndòu, ránhòu nǐmen dài le jǐ wàn shìbīng lái dǎ wǒ. Wǒ hé nǐmen zhījiān jiéshù le. Wǒ huì shā sǐ Lán Máo Shī, bǎ tā de shītǐ tuō qù gěi wǒ de shīfu kàn."

"Qǐng bú yào nàyàng zuò!" tāmen dōu kū le.

拿着另一头。然后他把自己变得很小。他不想冒险[13]越过妖怪很尖的牙齿，所以他爬进了妖怪的鼻子。怪物打了个喷嚏[14]，孙悟空从鼻子里飞了出来。

猴子马上长到三十尺高。他开始和三个大妖怪还有几万个小魔鬼战斗。但是敌人太多了，所以他用他的筋斗云飞到了附近的山顶。然后他拉动了绳子。它紧紧地绑着蓝毛狮的心脏。妖怪痛苦地倒在地上。

孙悟空很生气。他向他们喊道，"你们什么都不是，只是一群有罪的人。你们承诺让我从妖怪的肚子里出来，然后你们要咬我。你们承诺我们一对一地战斗，然后你们带了几万士兵来打我。我和你们之间[15]结束了。我会杀死蓝毛狮，把他的尸体拖去给我的师父看。"

"请不要那样做！"他们都哭了。

---

13 冒险　　mào xiǎn – risk
14 喷嚏　　pēn tì – sneeze
15 之间　　zhī jiān – between

"Rúguǒ wǒ ràng tā huózhe, nǐmen huì ràng women tōngguò nǐmen de shān ma?"

"Shì de," Dà Péng shuō. Sūn Wùkōng yǐwéi tā shuō de shì zhēn huà. Suǒyǐ, tā sōng le bǎngzhe Lán Máo Shī xīnzàng de shéngzi. Dà Péng jìxù shuō, "Dà shèng, qǐng huí dào nǐ shīfu nàlǐ qù. Gàosù tā zhǔnbèi hǎo líkāi. Wǒmen huì gěi tā zhǔnbèi jiàozi." Suǒyǒu de xiǎo móguǐ dōu fàngxià le wǔqì.

Sūn Wùkōng huí dào tā shīfu hé lìngwài liǎng gè túdì shēnbiān. Tā kàndào Tángsēng zài kū. Shā hé Zhū zhèngzài fēn xínglǐ. "Ò, bù," Sūn Wùkōng xiǎng, "Nà zhī bèn zhū gàosù wǒ de shīfu, wǒ sǐ le. Zhè jiùshì wèishénme tā zài kū."

Zhū kàndào le Sūn Wùkōng. Tā duì qítā rén shuō, "Wǒ kàn dào yāoguài zài chī tā. Zhè yídìng shì ge è guǐ."

Sūn Wùkōng dǎ zài tā de liǎn shàng. "Bèn rén! Nǐ hái yǐwéi wǒ shì è guǐ ma?" Tā zhuǎnxiàng Tángsēng shuō, "Shīfu, bié dānxīn. Yāoguàimen guòlái yòng jiàozi bǎ nǐ táiguò shān."

Tángsēng jūgōng shuō, "Túdì, wǒ gěi nǐ zhǎo le dà máfan. Rúguǒ wǒ xiāngxìn Zhū, wǒmen zǎo jiù wán le!" Tāmen zuò xiàlái,

"如果我让他活着，你们会让我们通过你们的山吗？"

"是的，"大鹏说。孙悟空以为他说的是真话。所以，他松了绑着蓝毛狮心脏的绳子。大鹏继续说，"大圣，请回到你师父那里去。告诉他准备好离开。我们会给他准备轿子。"所有的小魔鬼都放下了武器。

孙悟空回到他师父和另外两个徒弟身边。他看到唐僧在哭。沙和猪正在分行李。"哦，不，"孙悟空想，"那只笨猪告诉我的师父，我死了。这就是为什么他在哭。"

猪看到了孙悟空。他对其他人说，"我看到妖怪在吃他。这一定是个恶鬼。"

孙悟空打在他的脸上。"笨人！你还以为我是恶鬼吗？"他转向唐僧说，"师父，别担心。妖怪们过来用轿子把你抬过山。"

唐僧鞠躬说，"徒弟，我给你找了大麻烦。如果我相信猪，我们早就完了！"他们坐下来，

zài lù biān děngzhe yāoguài de dàolái.

Shāndòng lǐ, sān gè móguǐ xiōngdì zhèngzài zuò jìhuà. Lǎo Huángyá Xiàng shuō, "Wǒ yǐwéi Sūn shì yígè jiǔ tóu bāwěi de dà zhànshì. Dàn xiànzài wǒ fāxiàn tā zhǐshì yì zhī xiǎo hóuzi. Wǒmen kěyǐ hěn róngyì de zhuā zhù tā. Gěi wǒ sānqiān gè xiǎo móguǐ."

Dà Péng huídá shuō, "Wǒ huì bǎ wǒ jūnduì lǐ de měi yí gè xiǎo móguǐ dōu gěi nǐ." Tāmen bǎ suǒyǒu de móguǐ zhànshì dōu fàng zài yìqǐ. Ránhòu tāmen ràng yígè chuán mìnglìng de rén qù zhǎo Sūn Wùkōng, gàosù tā, Lǎo Huángyá Xiàng yǐjīng zhǔnbèi hǎo hé tā zhàndòu le.

Sūn Wùkōng tīngdào zhè huà, xiào le qǐlái. Tā duì Zhū shuō, "Ǹ, kàn qǐlái tāmen de dà móguǐ Lán Máo Shī bù gǎn zài hé wǒ zhàndòu le. Tāmen ràng tāmen de èr móguǐ Lǎo Huángyá Xiàng guòlái. Zhū, nǐ yīnggāi hé tā zhàndòu."

"Hǎo ba, dàn yào bǎ nà gēn mó shéng gěi wǒ."

"Wèishénme? Nǐ bù kěnéng tiào jìn dà xiàng de dùzi lǐ, bǎ tā bǎng zài tā de xīnzàng shàng."

"Wǒ yào nǐ bǎ tā bǎng zài wǒ de yāo shàng. Ná zhù shéngzi de yì

在路边等着妖怪的到来。

山洞里，三个魔鬼兄弟正在做计划。老黄牙象说，"我以为孙是一个九头八尾的大战士。但现在我发现他只是一只小猴子。我们可以很容易地抓住他。给我三千个小魔鬼。"

大鹏回答说，"我会把我军队里的每一个小魔鬼都给你。"他们把所有的魔鬼战士都放在一起。然后他们让一个传命令的人去找孙悟空，告诉他，老黄牙象已经准备好和他战斗了。

孙悟空听到这话，笑了起来。他对猪说，"嗯，看起来他们的大魔鬼蓝毛狮不敢再和我战斗了。他们让他们的二魔鬼老黄牙象过来。猪，你应该和他战斗。"

"好吧，但要把那根魔绳给我。"

"为什么？你不可能跳进大象的肚子里，把它绑在他的心脏上。"

"我要你把它绑在我的腰上。拿住绳子的一

tóu. Rúguǒ nǐ kàndào wǒ yíng le zhè chǎng zhàndòu, gěi wǒ gèng duō yìdiǎn shéngzi. Dànshì, rúguǒ wǒ shū le, lā shéngzi, bǎ wǒ cóng nàlǐ lā chūlái."

Sūn Wùkōng xiào le xiào, bǎ shéngzi bǎng zài Zhū de yāo shàng. Zhū jǔ qǐ bàzi, gōngjī dà xiàng. Dà xiàng bǎ cháng máo rēng xiàng Zhū de liǎn. Zhū dǎngzhù le cháng máo. Liǎng rén dǎ le qī, bā gè láihuí, Zhū kāishǐ lèi le. Tā duì Sūn Wùkōng hǎn dào, "Gēge, lā shéngzi, bǎ wǒ cóng zhèlǐ lā chūqù!"

Sūn Wùkōng xiào le, bǎ shéngzi diū zài dìshàng. Zhū zhuǎnshēn, cóng yāoguài shēnbiān pǎo kāi. Tā méiyǒu kàn dào dìshàng de shéngzi, suǒyǐ tā bèi bàn dǎo zài dìshàng. Dà xiàng zhuī shàng le Zhū, yòng tā de bízi juǎn zhù Zhū, bǎ tā gāo gāo de jǔ zài kōngzhōng, ránhòu bǎ tā dài huí le shāndòng. Suǒyǒu de xiǎo móguǐ dōu gāoxìng de dà hǎn dà jiào.

Tángsēng kàndào le zhè. Tā duì Sūn Wùkōng kànzhe tā de xiōngdì bèi zhuā dàn méiyǒu jiù tā gǎndào fēicháng shēngqì. Sūn Wùkōng shuō, "Bié guài wǒ le, shīfu. Wǒ huì qù jiù tā de." Tā biàn chéng yì zhī xiǎo cāngying, fēi jìn le shāndòng, tíng zài Zhū de ěrduǒ shàng.

头。如果你看到我赢了这场战斗，给我更多一点绳子。但是，如果我输了，拉绳子，把我从那里拉出来。"

孙悟空笑了笑，把绳子绑在猪的腰上。猪举起耙子，攻击大象。大象把长矛扔向猪的脸。猪挡住了长矛。两人打了七、八个来回，猪开始累了。他对孙悟空喊道，"哥哥，拉绳子，把我从这里拉出去！"

孙悟空笑了，把绳子丢在地上。猪转身，从妖怪身边跑开。他没有看到地上的绳子，所以他被绊[16]倒在地上。大象追上了猪，用他的鼻子卷住猪，把他高高地举在空中，然后把他带回了山洞。所有的小魔鬼都高兴地大喊大叫。

唐僧看到了这。他对孙悟空看着他的兄弟被抓但没有救他感到非常生气。孙悟空说，"别怪我了，师父。我会去救他的。"他变成一只小苍蝇，飞进了山洞，停在猪的耳朵上。

---

16 绊　　bàn – to trip, to stumble

Dà xiàng móguǐ bǎ Zhū rēng zài dìshàng, duì tā de xiōngdìmen shuō, "Kàn, wǒ zhuā zhù le tāmen zhōng de yígè." Ránhòu tā duì xiǎo móguǐ shuō, "Bǎ tā bǎng qǐlái, fàng zài shuǐchí lǐ. Bǎ tā zài nàlǐ fàng yìtiān. Ránhòu, wǒmen kěyǐ qiē kāi tā de dùzi, fàng yìxiē yán, ránhòu, fàng zài tàiyáng guāng xià biàn gàn. Bǎ tā hé jiǔ yìqǐ chī, wèidào huì hěn hǎo." Xiǎo móguǐ bǎ tā tuō zǒu le.

Sūn Wùkōng duì tā zìjǐ shuō, "Nà wǒ gāi zěnme bàn? Shīfu yào wǒ jiù zhū. Dàn tā zǒngshì zài zhǎo máfan. Jǐ tiān qián, wǒ tīng Shā shuō, Zhū cáng le yìxiē qián. Wǒ xiǎng zhīdào zhè shì búshì zhēn de." Suǒyǐ tā gǎibiàn le shēngyīn, zài zhū de ěr biān shuō, "Zhū Wùnéng, Zhū Wùnéng. Wǒ shì Wǔ Yánluó Wáng de sòngxìn rén. Tā ràng wǒ lái bǎ nǐ tuō dào dìyù qù."

Zhū xiàhuài le. Tā shuō, "Qǐng huíqù gàosù Wǔ Yánluó Wáng, wǒ jīntiān hěn máng, qǐng míngtiān zàilái."

"Bù. Rúguǒ Wǔ Yánluó Wáng juédìng nǐ zài sān gēng sǐ, nǐ jiù bú huì huó dào sì gèng. Xiànzài jiù gēn wǒ lái."

"Qǐng bāng bāng wǒ, wǒ xiǎng duō huó yìtiān. Děngdào zhèxiē xié'è de yāoguài zhuā zhù le wǒ de shīfu hé wǒ de xiōngdìmen."

大象魔鬼把猪扔在地上，对他的兄弟们说，"看，我抓住了他们中的一个。"然后他对小魔鬼说，"把他绑起来，放在水池里。把他在那里放一天。然后，我们可以切开他的肚子，放一些盐，然后，放在太阳光下变干。把他和酒一起吃，味道会很好。"小魔鬼把他拖走了。

孙悟空对他自己说，"那我该怎么办？师父要我救猪。但他总是在找麻烦。几天前，我听沙说，猪藏了一些钱。我想知道这是不是真的。"所以他改变了声音，在猪的耳边说，"猪悟能，猪悟能。我是五阎罗王的送信人。他让我来把你拖到地狱去。"

猪吓坏了。他说，"请回去告诉五阎罗王，我今天很忙，请明天再来。"

"不。如果五阎罗王决定你在三更死，你就不会活到四更。现在就跟我来。"

"请帮帮我，我想多活一天。等到这些邪恶的妖怪抓住了我的师父和我的兄弟们。"

Sūn Wùkōng duì tā zìjǐ xiào le xiào. Tā shuō, "Hǎo ba. Wǒ jīntiān hái yào zhuā lìngwài sānshí gè rén. Wǒ kěyǐ děngdào míngtiān, dàn nǐ bìxū gěi wǒ yìxiē qián."

"Wǒ shì ge qióng héshang, wǒ méiyǒu qián!"

"Nà tài bù hǎo le. Nà nǐ xiànzài jiù gēn wǒ lái."

"Děng děng, děng děng! Zhèxiē niánlái, wǒ yìzhí liúzhe rénmen sòng gěi wǒ de yì diǎndiǎn yínzi. Yígòng yǒu bàn liǎng zuǒyòu. Tā zài wǒ de zuǒ ěr lǐ. Ná qù ba!"

Sūn Wùkōng kàn le Zhū de zuǒ ěr. Zhēn de, tā ěrduo lǐmiàn, yǒu yígè xiǎo yín qiú. Sūn Wùkōng shēnshǒu dào ěrduo lǐ, zhuā qǐ yín qiú, ná zài shǒu lǐ. Tā dàshēng xiào le qǐlái. Zhū tīng chū le nà xiào shēng. Tā shuō, "Gāisǐ de, nǐ zài wǒ yù dào zhèyàng de máfan shí, lái zhèlǐ tōu wǒ de qián."

"Wǒ xiànzài zhuādào nǐ le, nǐ zhège kǔlì. Nǐ yìzhí zài ràng nǐ zìjǐ biàn dé yǒu qián, dànshì, wǒ zài wèi bǎohù wǒmen de shīfu shòudào tòngkǔ."

"Yǒu qián? Zhè zhǐ néng ràng wǒ mǎi yìxiē zuò xīn cháng yī de bù. Nǐ

孙悟空对他自己笑了笑。他说,"好吧。我今天还要抓另外三十个人。我可以等到明天,但你必须给我一些钱。"

"我是个穷和尚,我没有钱!"

"那太不好了。那你现在就跟我来。"

"等等,等等!这些年来,我一直留着人们送给我的一点点银子。一共有半两左右。它在我的左耳里。拿去吧!"

孙悟空看了猪的左耳。真的,他耳朵里面,有一个小银球。孙悟空伸手到耳朵里,抓起银球,拿在手里。他大声笑了起来。猪听出了那笑声。他说,"该死的[17],你在我遇到这样的麻烦时,来这里偷我的钱。"

"我现在抓到你了,你这个苦力。你一直在让你自己变得有钱,但是,我在为保护我们的师父受到痛苦。"

"有钱?这只能让我买一些做新长衣的布。你

---

[17] 该死(的) gāisǐ de – damn

cóng wǒ zhèlǐ tōu zǒu le qián. Xiànzài bǎ nà yíbàn de qián huán gěi wǒ."

"Nǐ bú huì dédào yì fēn qián." Sūn Wùkōng zhuā zhù Zhū de jiǎo, bǎ tā tuō chū shuǐchí. "Xiànzài wǒmen zǒu ba. Wǒmen bù cóng hòumén chūqù. Wǒmen yào cóng qiánmén líkāi."

Sūn Wùkōng pǎo xiàng qiánmén, huīzhe tā de bàng, duì zhe xiǎo móguǐ zuǒ shā yòu shā. Zhū zài fùjìn kàndào le tā de bàzi. Tā zhuā qǐ bàzi, yě xiàng xiǎo móguǐ gōngjī. Lǎo Huángyá Xiàng tīngdào zhàndòu de shēngyīn, xiàng Sūn Wùkōng pǎo qù. Tāmen liǎ kāishǐ zhàndòu.

> Dà xiàng shì shīzi de xiōngdì
> Tāmen yìqǐ jìhuà chī diào Táng héshang
> Hóu wáng yǒu qiángdà de lìliàng
> Tā jiù le bèn zhū, shā le xiǎo móguǐ
> Dà xiàng de cháng máo dòng qǐlái xiàng sēnlín lǐ de shé
> Hóuzi de bàng dòng qǐlái xiàng hǎizhōng de lóng
> Tāmen dōu wèi Táng héshang nǔlì de zhàndòu

Zhū kàn le zhàndòu. Tā hǎn dào, "Gēge, xiǎoxīn xiàng bízi! Bǎ nǐ de bàng chādào xiàng bízi lǐ!" Sūn Wùkōng tīngdào le zhè.

从我这里偷走了钱。现在把那一半的钱还给我。"

"你不会得到一分钱。"孙悟空抓住猪的脚，把他拖出水池。"现在我们走吧。我们不从后门出去。我们要从前门离开。"

孙悟空跑向前门，挥着他的棒，对着小魔鬼左杀右杀。猪在附近看到了他的耙子。他抓起耙子，也向小魔鬼攻击。老黄牙象听到战斗的声音，向孙悟空跑去。他们俩开始战斗。

　　大象是狮子的兄弟
　　他们一起计划吃掉唐和尚
　　猴王有强大的力量
　　他救了笨猪，杀了小魔鬼
　　大象的长矛动起来像森林里的蛇
　　猴子的棒动起来像海中的龙
　　他们都为唐和尚努力地战斗

猪看了战斗。他喊道，"哥哥，小心象鼻子！把你的棒插到象鼻子里！"孙悟空听到了这。

Tā bǎ bàng biàn dé xiàng jīdàn yíyàng cū, ránhòu yònglì de bǎ tā chā jìn dà xiàng de bízi lǐ. Ránhòu tā yòng lìng yì zhī shǒu zhuā zhù le xiàng bízi de lìng yìtóu. Zhū xiàng dà xiàng pǎo qù, tā bǎ bàzi gāo gāo jǔ qǐ.

"Děng děng," Sūn Wùkōng hǎn dào, "búyào shā sǐ dà xiàng. Rúguǒ nǐ zhèyàng zuò, shīfu huì shēngqì de. Yòng bàzi de lìng yìtóu." Zhū bǎ tā de bà zǐ zhuǎn guòlái, kāishǐ yòng bàzi de bǎshǒu dǎ dà xiàng. Sūn Wùkōng bǎ dà xiàng tuō chū shāndòng, yánzhe shānlù xiàng Tángsēng zǒu qù.

Tángsēng kàndào tāmen lái le. Tā duì Shā Wùjìng shuō, "Tài hǎo le! Nà shì yígè fēicháng dà de yāoguài jīng. Wèn tā shì búshì yuànyì bāngzhù wǒmen tōngguò zhè zuò shān."

Shā zǒu dào dà xiàng miànqián, ràng tā dài shīfu guò zhè zuò shān. Dà xiàng huídá shuō, "Rúguǒ nǐ ràng wǒ huózhe, wǒ huì zìjǐ táizhe Táng lǎoyé."

Sūn Wùkōng duì tā shuō, "Wǒmen shì hǎorén. Wǒmen huì ràng nǐ huózhe. Qù ná jiàozi. Dàn rúguǒ nǐ zàicì xiǎng yào shānghài wǒmen, wǒmen yídìng huì shā le nǐ."
Yāoguài kòutóu líkāi le. Sūn Wù

他把棒变得像鸡蛋一样粗，然后用力地把它插进大象的鼻子里。然后他用另一只手抓住了象鼻子的另一头。猪向大象跑去，他把耙子高高举起。

"等等，"孙悟空喊道，"不要杀死大象。如果你这样做，师父会生气的。用耙子的另一头。"猪把他的耙子转过来，开始用耙子的把手打大象。孙悟空把大象拖出山洞，沿着山路向唐僧走去。

唐僧看到他们来了。他对沙悟净说，"太好了！那是一个非常大的妖怪精。问他是不是愿意帮助我们通过这座山。"

沙走到大象面前，让他带师父过这座山。大象回答说，"如果你让我活着，我会自己抬着唐老爷。"

孙悟空对他说，"我们是好人。我们会让你活着。去拿轿子。但如果你再次想要伤害我们，我们一定会杀了你。"妖怪叩头离开了。孙悟

kōng bǎ fāshēng de yíqiè gàosù le Tángsēng. Zhū gǎndào fēicháng xiūchǐ. Tā cóng qítā rén shēnbiān zǒu kāi. Tā tuō xià shī yīfú, fàng zài shítou shàng, ràng tāmen zài tàiyáng guāng xià biàn gàn.

Shāndòng lǐ, Lǎo Huángyá Xiàng gàosù le tā de liǎng gè xiōngdì fāshēng le shénme shì, hái yǒu Táng héshang duì tā yǒu duō hǎo. Tā duì tāmen shuō, "Wǒ de xiōngdìmen, wǒmen gāi zěnmebàn? Wǒmen yīnggāi bāngzhù nàge héshang ma?"

Dà Péng shuō, "Wǒmen dāngrán yīnggāi zhǔnbèi hǎo dài tāmen guò shān. Zhè shì wǒmen jìhuà de yíbùfèn, jiùshì bǎ lǎohǔ cóng shānshàng dài xiàlái."

"Nǐ zhè shì shénme yìsi?" Lǎo Huángyá Xiàng wèn.

"Bǎ yí wàn gè xiǎo móguǐ jiào dào shāndòng lǐ lái. Cóng yí wàn rén zhòng xuǎn yìqiān. Cóng yìqiān zhòng xuǎn yìbǎi. Ránhòu cóng yìbǎi zhòng xuǎn shíliù hé sānshí. Zhè sānshí gè rén yídìng shì hǎo chúshī. Gěi tāmen zuì hǎo de shíwù. Gàosù tāmen dào zhèlǐ xiàng xī shí lǐ de dìfāng qù, wèi Táng héshang zhǔnbèi yì chǎng dà yàn. Tāmen hái yīnggāi zài lí

空把发生的一切告诉了唐僧。猪感到非常羞耻。他从其他人身边走开。他脱下湿衣服，放在石头上，让它们在太阳光下变干。

山洞里，老黄牙象告诉了他的两个兄弟发生了什么事，还有唐和尚对他有多好。他对他们说，"我的兄弟们，我们该怎么办？我们应该帮助那个和尚吗？"

大鹏说，"我们当然应该准备好带他们过山。这是我们计划的一部分，就是把老虎从山上带下来。"

"你这是什么意思？"老黄牙象问。

"把一万个小魔鬼叫到山洞里来。从一万人中选一千。从一千中选一百。然后从一百中选十六和三十。这三十个人一定是好厨师[18]。给他们最好的食物。告诉他们到这里向西十里的地方去，为唐和尚准备一场大宴。他们还应该在离

---

18 厨师　　　　chúshī – chef, cook

zhè lǐ èrshíwǔ lǐ de dìfāng zài zhǔnbèi yí dùn fàn."

"Nà shíliù gè rén ne?"

"Bā gè rén tái jiàozi. Bā gè rén dà hǎnzhe kāidào. Wǒmen sān gè rén jiāng zǒu zài jiàozi pángbiān. Wǒmen jiāng xiàng xī zǒu, zhídào wǒmen lái dào 150 lǐ wài wǒ de chéngshì. Wǒ nà li yǒu yì zhī qiángdà de jūnduì."

Sān gè dà móguǐ hé shíliù gè xiǎo móguǐ huíqù jiàn Tángsēng hé sān gè túdì. Bā gè xiǎo móguǐ táizhe jiàozi. "Lǎoyé, qǐng zuò shàng jiàozi," Lǎo Huángyá Xiàng shuō. Tángsēng bù zhīdào zhè lǐ yǒu piàn. Lián Sūn Wùkōng yě méiyǒu zǐxì liǎojiě qíngkuàng. Tā ràng Zhū hé Shā bǎ xínglǐ bǎng zài báimǎ shēnshàng, bǎohù Tángsēng. Tā zǒu zài yìqún rén de qiánmiàn, yòng tā de bàng kāidào. Jiù zhèyàng, tāmen dōu kāishǐ xiàng xī zǒu.

Tāmen zǒu le shí lǐ lù, ránhòu tāmen dōu tíng xiàlái chī le yí dùn hàochī de sùshí. Chī wán fàn hòu, tāmen jìxù zǒu le shíwǔ lǐ lù, zài nàlǐ tāmen chī le dì èr dùn fēicháng hàochī de fàn. Zài nà zhīhòu, tāmen tíng xiàlái guòyè, shūfú de xiūxi.

Jiù zhèyàng, tāmen xiàng xī zǒu le 150 lǐ. Tāmen lái dào le yí

这里二十五里的地方再准备一顿饭。"

"那十六个人呢？"

"八个人抬轿子。八个人大喊着开道。我们三个人将走在轿子旁边。我们将向西走，直到我们来到150里外我的城市。我那里有一支强大的军队。"

三个大魔鬼和十六个小魔鬼回去见唐僧和三个徒弟。八个小魔鬼抬着轿子。"老爷，请坐上轿子，"老黄牙象说。唐僧不知道这里有骗。连孙悟空也没有仔细了解情况。他让猪和沙把行李绑在白马身上，保护唐僧。他走在一群人的前面，用他的棒开道。就这样，他们都开始向西走。

他们走了十里路，然后他们都停下来吃了一顿好吃的素食。吃完饭后，他们继续走了十五里路，在那里他们吃了第二顿非常好吃的饭。在那之后，他们停下来过夜，舒服地休息。

就这样，他们向西走了150里。他们来到了一

zuò yǒu gāodà chéngqiáng de chéngshì. Sūn Wùkōng zài qiánmiàn, tā xiān kàndào le zhè zuò chéngshì. Tā kàndào le shénme?

> Yǒu yí dà qún xié'è de yāoguài hé móguǐ
> Suǒyǒu sì gè mén shàng dōu yǒu láng jīng
> Dàjiàng shì lǎohǔ
> Lù shì chuán mìnglìng de rén
> Húlí zǒu zài jiēdào shàng
> Tùzi zài shāngdiàn lǐ mài dōngxi
> Cháng shé zài chéngqiáng shàng xiūxi
> Chéngshì lǐ dōu shì yāoguài
> Yǐqián zhèlǐ shì yígè tiāntáng wángguó de shǒudū
> Xiànzài tā shì yígè láng hé lǎohǔ de chéngshì!

Sūn Wùkōng zhèng kànzhe zhè zuò chéngshì. Tā méiyǒu kàndào Dà Péng zài tā shēnhòu zǒu guòlái, yào yòng wǔqì dǎ tā de tóu. Tā tīngdào fēngshēng, mǎshàng zhuǎnguò shēn lái. Tā yòng bàng dǎngzhù le niǎo de gōngjī. Tāmen kāishǐ zhàndòu. Shīzi kāishǐ hé Zhū zhàndòu, dà xiàng hé Shā zhàndòu. Zài sān gè túdì dōu mángzhe zhàndòu de shíhòu, shíliù gè xiǎo móguǐ zhuā zhù le báimǎ, xínglǐ hé Tángsēng. Tāmen bǎ tāmen tái jìn le yǒu chéngqiáng de chéngshì.

座有高大城墙的城市。孙悟空在前面,他先看到了这座城市。他看到了什么?

有一大群邪恶的妖怪和魔鬼
所有四个门上都有狼精
大将是老虎
鹿是传命令的人
狐狸走在街道上
兔子在商店里卖东西
长蛇在城墙上休息
城市里都是妖怪
以前这里是一个天堂王国的首都
现在它是一个狼和老虎的城市!

孙悟空正看着这座城市。他没有看到大鹏在他身后走过来,要用武器打他的头。他听到风声,马上转过身来。他用棒挡住了鸟的攻击。他们开始战斗。狮子开始和猪战斗,大象和沙战斗。在三个徒弟都忙着战斗的时候,十六个小魔鬼抓住了白马、行李和唐僧。他们把他们抬进了有城墙的城市。

"Bìxià, wǒmen xiànzài gāi zěnme duì Táng héshang?" Yī wèi hǔ dàjiàng wèn.

"Búyào xià dào héshang," dà xiàng yìbiān hé Shā zhàndòu yìbiān huídá. "Zhè huì ràng tā de ròu bù hǎochī." Suǒyǐ xiǎo yāoguài duì Tángsēng hěn hǎo. Tāmen ràng tā zuò zài róngyù wèi shàng, gěi tā chá hé shíwù. Tángsēng kàn le sìzhōu, méiyǒu kàndào tā rènshí de rén. Tā biàn dé hěn kùnhuò.

"陛下,我们现在该怎么对<u>唐</u>和尚?"一位虎大将问。

"不要吓到和尚,"大象一边和<u>沙</u>战斗一边回答。"这会让他的肉不好吃。"所以小妖怪对<u>唐僧</u>很好。他们让他坐在荣誉位上,给他茶和食物。<u>唐僧</u>看了四周,没有看到他认识的人。他变得很困惑。

Dì 77 Zhāng

Sān gè túdì hé sān gè móguǐ zhàndòu le yì zhěng tiān, yìzhí dào shēnyè. Tiānkōng zhōng dōu shì yún, tiān biàn dé hěn hēi. Zhū hěn lèi. Tā xiǎng yào táozǒu, dàn Lán Máo Shī zhuā zhù tā. Bǎ tā rēng gěi yìqún xiǎo móguǐ. Tāmen bǎ Zhū bǎng qǐlái, bǎ tā dài dào bǎozuò fángjiān. Ránhòu shī zǐ huí dào zhàndòu zhōng qù bāngzhù tā de xiōngdìmen.

Shā kàndào zhàndòu de qíngkuàng hěn bù hǎo. Tā yě xiǎng táopǎo. Lǎo Huángyá Xiàng yòng tā de bízi juǎn zhù tā, bǎ tā gěi le xiǎo móguǐ, gàosù tāmen, bǎ tā yě dài dào bǎozuò fángjiān. Ránhòu tā qù bāngzhù Dà Péng dǎ Sūn Wùkōng.

Xiànzài, Sūn Wùkōng zhèngzài hé sān gè móguǐ xiōngdì zhàndòu. Tā fāxiàn zìjǐ yíng bùliǎo, jiù qízhe jīndǒu yún fēi zǒu le. Dà Péng fēikuài de fēizhe zhuī tā. Sūn Wùkōng de yígè jīndǒu kěyǐ xíng 36,000 lǐ. Dàn Dà Péng pāi yíxià chìbǎng jiùshì 30,000 lǐ. Suǒyǐ tā hěn kuài de zhuī shàng le Sūn Wùkōng, yòng zhuǎzi zhuā zhù le tā. Tā bǎ hóuzi zhuā huí chéng lǐ, xiǎo móguǐ yòng shéngzi bǎ tā bǎng qǐlái, fàng zài Zhū hé Shā pángbiān de dìshàng.

Dào le èr gēng de shíhòu, xiǎo móguǐ bǎ Tángsēng tuījìn fángjiān lǐ,

第 77 章

三个徒弟和三个魔鬼战斗了一整天,一直到深夜。天空中都是云,天变得很黑。猪很累。他想要逃走,但蓝毛狮抓住他。把他扔给一群小魔鬼。他们把猪绑起来,把他带到宝座房间。然后狮子回到战斗中去帮助他的兄弟们。

沙看到战斗的情况很不好。他也想逃跑。老黄牙象用他的鼻子卷住他,把他给了小魔鬼,告诉他们,把他也带到宝座房间。然后他去帮助大鹏打孙悟空。

现在,孙悟空正在和三个魔鬼兄弟战斗。他发现自己赢不了,就骑着筋斗云飞走了。大鹏飞快地飞着追他。孙悟空的一个筋斗可以行 36,000 里。但大鹏拍一下翅膀就是 30,000 里。所以他很快地追上了孙悟空,用爪子抓住了他。他把猴子抓回城里,小魔鬼用绳子把他绑起来,放在猪和沙旁边的地上。

到了二更的时候,小魔鬼把唐僧推进房间里,

tā de sān gè túdì zhèng tǎng zài nàlǐ de dìshàng, bèi shéngzi bǎngzhe. Tā kūzhe dǎo zài Sūn Wùkōng pángbiān de dìshàng, shuō, "Ò, túdì, nǐ zǒngshì yòng nǐ de mólì dǎbài móguǐ. Dàn xiànzài lián nǐ dōu bèi dǎbài le!"

Zhū hé Shā yě kū le qǐlái. Dàn Sūn Wùkōng zhǐshì xiào le xiào, huídá shuō, "Fàngxīn ba, shīfu! Nǐ bú huì shòudào shānghài de. Wǒmen hěn kuài jiù kěyǐ táozǒu. Nǐ rènwéi zhèxiē shéngzi hěn zhòng, dàn duì wǒ lái shuō, jiù xiàng ěr biān chuīguò de qiūfēng."

Jiù zài zhè shí, tāmen tīngdào sān gè yāoguài zài shuō yào zěnme bǎ sì gè yóurén zhēng le chī diào. "Tīng," Zhū shuō, "nàxiē yāoguài zhèng jìhuàzhe bǎ wǒmen zhēng le chī. Wǒmen jiù yào chéngwéi Yánluó Wáng de línjū, nǐ hái zài shuō shénme qiūfēng!"

Xiǎo móguǐ lái le. Tāmen dài zǒu le sì gè yóurén. Tāmen bǎ Zhū fàng zài yígè dà guō de zuì dǐcéng. Tāmen bǎ Shā fàng zài dì èr céng. Jiù zài tāmen yào zhuā qǐ Sūn Wùkōng bǎ tā fàng zài dì sān céng zhīqián, hóuzi cóng tā de tóushàng bá xià yì gēn máofà, shuō le yìshēng "Biàn," bǎ tā biàn chéng le dì èr zhī hóuzi, kàn qǐlái xiàng tā zìjǐ yíyàng. Tā zhēn de shēntǐ dào le kōngzhōng, zài nàlǐ tā kěyǐ xiàng xià kànzhe fángjiān. Xiǎo móguǐ bǎ jiǎ hóuzi fàng zài dì sān

他的三个徒弟正躺在那里的地上，被绳子绑着。他哭着倒在孙悟空旁边的地上，说，"哦，徒弟，你总是用你的魔力打败魔鬼。但现在连你都被打败了！"

猪和沙也哭了起来。但孙悟空只是笑了笑，回答说，"放心吧，师父！你不会受到伤害的。我们很快就可以逃走。你认为这些绳子很重，但对我来说，就像耳边吹过的秋风。"

就在这时，他们听到三个妖怪在说要怎么把四个游人蒸了吃掉。"听，"猪说，"那些妖怪正计划着把我们蒸了吃。我们就要成为阎罗王的邻居，你还在说什么秋风！"

小魔鬼来了。他们带走了四个游人。他们把猪放在一个大锅的最底层。他们把沙放在第二层。就在他们要抓起孙悟空把他放在第三层之前，猴子从他的头上拔下一根毛发，说了一声"变，"把它变成了第二只猴子，看起来像他自己一样。他真的身体到了空中，在那里他可以向下看着房间。小魔鬼把假猴子放在第三

céng, ránhòu bǎ Tángsēng fàng zài zuìshàng yì céng. Ránhòu tāmen diǎn le huǒ.

"Wǒ yīnggāi kuàidiǎn zuò xiē shénme," Sūn Wùkōng shuō. "Shīfu bùnéng zài nà rèhuǒ zhōng rěnshòu tài jiǔ." Tā mǎshàng zài kōngzhōng zuò le yígè mó shǒushì, shuō le yìxiē mó yǔ. Běihǎi Lóngwáng Áoshùn mǎshàng lái le, xiàng hóu wáng kētóu.

"Qǐng qǐlái," Sūn Wùkōng shuō. "Wǒ shì hé Táng shīfu yìqǐ lái dào zhèlǐ de. Tā bèi sān gè kěpà de móguǐ zhuā zhù le. Tāmen bǎ tā fàng jìn nàge guō lǐ. Qǐng bǎohù tā hé wǒ de xiōngdìmen." Áoshùn biàn chéng yízhèn liáng fēng. Bǎ tā zìjǐ chuī xiàng guō, wéi zhù le guō. Guō lǐmiàn biàn liáng le.

Xiànzài, duì Zhū lái shuō tài liáng le. Tā duì qítā rén shuō, "Nǐmen zhīdào ma, dāng wǒmen gāng bèi fàng jìn zhège guō lǐ shí, tā yòu hǎo yòu wēnnuǎn. Xiànzài tiān lěng le. Wǒ yǒu yìdiǎn guānjiéyán, wǒ xǐhuān rè. Zhè duì wǒ lái shuō tài lěng le!"

Sūn Wùkōng tīngdào zhè huà xiào le qǐlái. Ránhòu tā juédìng, shì shíhòu jiù Tángsēng hé tā de xiōngdìmen le. Tā jìdé zìjǐ yǐqián hé

层,然后把唐僧放在最上一层。然后他们点了火。

"我应该快点做些什么,"孙悟空说。"师父不能在那热火中忍受太久。"他马上在空中做了一个魔手势,说了一些魔语。北海龙王敖顺马上来了,向猴王磕头。

"请起来,"孙悟空说。"我是和唐师父一起来到这里的。他被三个可怕的魔鬼抓住了。他们把他放进那个锅里。请保护他和我的兄弟们。"敖顺变成一阵凉风。把他自己吹向锅,围住了锅。锅里面变凉了。

现在,对猪来说太凉了。他对其他人说,"你们知道吗,当我们刚被放进这个锅里时,它又好又温暖。现在天冷了。我有一点关节炎[19],我喜欢热。这对我来说太冷了!"

孙悟空听到这话笑了起来。然后他决定,是时候救唐僧和他的兄弟们了。他记得自己以前和

---

[19] 关节炎　　guānjiéyán – arthritis

yí wèi tiānwáng wánguò cāiquán yóuxì, tā yíng le jǐ zhī shuì chóng. Tā bǎ shǒu shēn jìn hǔ pí qún lǐ, zhǎodào le jǐ zhī. Tā bǎ qízhōng shí zhī rēng zài le xiǎo móguǐ de liǎn shàng. Chóngzi pá jìn le xiǎo móguǐ de bízi lǐ, suǒyǒu de móguǐ dōu shuìzháo le.

Hóuzi gǎnxiè lóngwáng. Ránhòu tā ná xià guō gài. Tā sōng kāi le bǎngzhe Tángsēng, Zhū hé Shā de shéngzi, bāng tāmen cóng guō lǐ chūlái. Tā shuō, "Wǒmen qiánmiàn hái yǒu hěnduō shān. Shīfu jiāng méiyǒu bànfǎ zǒu chūqù. Wǒmen xūyào wǒmen de tōngguān wénshū. Suǒyǐ wǒmen bìxū zhǎodào wǒmen de mǎ hé xínglǐ."

Tā huí dào le bǎozuò fángjiān. Tā zhǎodào le nà pǐ mǎ, sōng kāi le tā de shéngzi. Ránhòu tā kàndào le xínglǐ, bǎ tā ná le qǐlái. Tā bǎ mǎ hé xínglǐ dài dào qítā rén nàlǐ. Tángsēng shàng le mǎ. Tāmen dōu kāishǐ xiàng gōngdiàn de qiánmén zǒu qù. Dàn dāng tāmen dào le qiánmén shí, tāmen fāxiàn tā yǐjīng bèi mófǎ suǒ shàng le, Sūn Wùkōng méiyǒu bànfǎ dǎkāi suǒ.

"Zhè búshì wèntí," Zhū shuō. "Ràng wǒmen zhǎo ge dìfāng, bǎ shīfu tái dào qiáng shàng, páguò qiáng, yòng zhè zhǒng fāngfǎ táozǒu."

一位天王玩过猜拳游戏,他赢了几只睡虫。他把手伸进虎皮裙里,找到了几只。他把其中十只扔在了小魔鬼的脸上。虫子爬进了小魔鬼的鼻子里,所有的魔鬼都睡着了。

猴子感谢龙王。然后他拿下锅盖。他松开了绑着唐僧、猪和沙的绳子,帮他们从锅里出来。他说,"我们前面还有很多山。师父将没有办法走出去。我们需要我们的通关文书。所以我们必须找到我们的马和行李。"

他回到了宝座房间。他找到了那匹马,松开了它的绳子。然后他看到了行李,把它拿了起来。他把马和行李带到其他人那里。唐僧上了马。他们都开始向宫殿的前门走去。但当他们到了前门时,他们发现它已经被魔法锁上了,孙悟空没有办法打开锁。

"这不是问题,"猪说。"让我们找个地方,把师父抬到墙上,爬过墙,用这种方法逃走。"

Sūn Wùkōng xiào dào, "Nà bù hǎo. Yǐhòu wǒmen dàizhe jīngshū huílái shí, wǒmen bù xīwàng rénmen rènwéi wǒmen shì pá qiáng de héshang!"

Zhū shuō, "Xiōngdì, xiànzài búshì dānxīn zhè zhǒng shìqing de shíhòu. Wèi le wǒmen de shēngmìng, wǒmen bìxū táopǎo!"

Gèng duō de xiǎo móguǐ tīngdào le qiúfàn táopǎo de shēngyīn. Tāmen pǎo dào sān gè móguǐ xiōngdì nàlǐ bàogào. Móguǐ xiōngdì pǎo dào qiánmén, kàndào mén hái suǒzhe. Tāmen pǎo dào hòumén, kàndào tā yě suǒzhe. Ránhòu tāmen kàndào sì gè héshang zài shìzhe pá shàng yímiàn qiáng. Móguǐmen xiàng tāmen pǎo lái, dà hǎn dà jiào. Tángsēng cóng qiáng shàng diào xiàlái, bèi zhuā zhù le. Zhū, Shā hé báimǎ yě bèi zhuā zhù le. Zhǐyǒu Sūn Wùkōng táozǒu le.

Móguǐ jiāng Zhū hé Shā bǎng zài dàdiàn de zhùzi shàng, dàn dà xiàng zhuāzhe Tángsēng, kāishǐ zhāng kāi zuǐ. Dà Péng duì tā shuō, "Dàgē, xiànzài búyào chī tā. Zuì hǎo de fāngfǎ shì bǎ tā zhǔ le, hé hǎo jiǔ, yīnyuè yìqǐ, màn màn chī."

孙悟空笑道，"那不好。以后我们带着经书回来时，我们不希望人们认为我们是爬墙的和尚[20]！"

猪说，"兄弟，现在不是担心这种事情的时候。为了我们的生命，我们必须逃跑！"

更多的小魔鬼听到了囚犯逃跑的声音。他们跑到三个魔鬼兄弟那里报告。魔鬼兄弟跑到前门，看到门还锁着。他们跑到后门，看到它也锁着。然后他们看到四个和尚在试着爬上一面墙。魔鬼们向他们跑来，大喊大叫。唐僧从墙上掉下来，被抓住了。猪、沙和白马也被抓住了。只有孙悟空逃走了。

魔鬼将猪和沙绑在大殿的柱子上，但大象抓着唐僧，开始张开嘴。大鹏对他说，"大哥，现在不要吃他。最好的方法是把他煮了，和好酒、音乐一起，慢慢吃。"

---

[20] In Chinese stories from this time period, wall climbing priests were usually thieves or adulterers.

Lǎo Huángyá Xiàng huídá shuō, "Méi cuò, xiōngdì. Dàn wǒmen bìxū xiǎoxīn. Hěn kuài, nà zhī wúchǐ de hóuzi jiù huì huílái, tōu zǒu héshang."

"Wǒ zài gōngdiàn lǐ yǒu yígè dà tiě xiāng. Bǎ héshang cáng zài xiāngzi lǐ. Gàosù dàjiā, wǒmen yǐjīng chī le héshang. Dāng hóuzi lái dào zhèlǐ shí, tā huì tīngdào rénmen shuō héshang yǐjīng bèi chī diào le, tā huì líkāi. Ránhòu wǒmen kěyǐ chī héshang, yìdiǎn wèntí dōu méiyǒu le."

Sūn Wùkōng fēi dào Shīzi Dòng, zài jiēzhe de shíjiān lǐ, shā sǐ le tā zài nàlǐ fāxiàn de suǒyǒu xiǎo móguǐ. Dì èr tiān, tā fēi huí le chéngshì. Tā bǎ zìjǐ biàn chéng xiǎo móguǐ de yàngzi. Zǒu zài chéng lǐ de jiēdào shàng, tā tīngdào yǒu rén shuō, zuótiān wǎnshàng Tángsēng bèi móguǐ xiōngdì chīdiào le. Tā zǒu jìn gōngdiàn, fāxiàn le bèi bǎngzhe de Zhū hé Shā. "Shīfu zài nǎlǐ?" tā wèn tāmen.

Zhū huídá shuō, "Xiǎo móguǐ shuō, shīfu zuó wǎn bèi chī diào le. Dàn wǒ méiyǒu kànjiàn. Nǐ yīnggāi qù kàn kàn zhēnxiàng shì shénme."

Dàn Shā shuō, "Ò, xiōngdì, zuótiān wǎnshàng móguǐ jīng chī le wǒmen de shīfu!"

老黄牙象回答说，"没错，兄弟。但我们必须小心。很快，那只无耻的猴子就会回来，偷走和尚。"

"我在宫殿里有一个大铁箱。把和尚藏在箱子里。告诉大家，我们已经吃了和尚。当猴子来到这里时，他会听到人们说和尚已经被吃掉了，他会离开。然后我们可以吃和尚，一点问题都没有了。"

孙悟空飞到狮子洞，在接着的时间里，杀死了他在那里发现的所有小魔鬼。第二天，他飞回了城市。他把自己变成小魔鬼的样子。走在城里的街道上，他听到有人说，昨天晚上唐僧被魔鬼兄弟吃掉了。他走进宫殿，发现了被绑着的猪和沙。"师父在哪里？"他问他们。

猪回答说，"小魔鬼说，师父昨晚被吃掉了。但我没有看见。你应该去看看真相是什么。"

但沙说，"哦，兄弟，昨天晚上魔鬼精吃了我们的师父！"

Sūn Wùkōng fēi dào fùjìn de yízuò shānshàng, zuò le xiàlái, kū le yīhuǐ'er. Ránhòu tā duì tā zìjǐ shuō, "Fózǔ wèishénme zhèyàng duì wǒmen? Rúguǒ tā zhēn de guānxīn wǒmen, tā huì bǎ tā de jīngshū sòng dào dōngfāng. Dànshì méiyǒu, tā méiyǒu nàyàng zuò. Tā bǎ jīngshū fàng zài Yìndù, ràng shīfu guò bǎi tiáo hé, pá qiān zuò shān, dàn zài zhège kěpà de dìfāng diū le shēngmìng. Wǒ yào zìjǐ qù jiàn fózǔ. Wǒ huì qǐng tā bǎ jīngshū gěi wǒ, ràng wǒ dài huí Táng dìguó. Rúguǒ tā bú zhèyàng zuò, wǒ huì yāoqiú tā bǎ bǎng zài wǒ tóu shàng de tóu dài sōng kāi."

Tā yòng jīndǒu yún tiào le qǐlái. Yī xiǎoshí hòu, tā lái dào le Yìndù de Líng Shān, nàlǐ shì fózǔ Rúlái de jiā. Tā zǒu dào sì gè shǒuwèi miànqián, shuō, "Wǒ yǒushì, yídìng yào jiàn fózǔ."

Shǒuwèi huídá shuō, "Nǐ hái méiyǒu gǎnxiè wǒmen bāng nǐ jiějué le Niú Mó. Zhèlǐ búshì nán tiānmén, zài nàlǐ nǐ kěyǐ zhào zìjǐ de xīnyuàn jìnjìn chūchū. Zhèlǐ shì fózǔ de jiā. Rúguǒ nǐ zài zhèlǐ yǒu shēngyì, qǐng xiān gàosù wǒmen. Wǒmen huì gàosù fózǔ.

孙悟空飞到附近的一座山上，坐了下来，哭了一会儿。然后他对他自己说，"佛祖为什么这样对我们？如果他真的关心我们，他会把他的经书送到东方。但是没有，他没有那样做。他把经书放在印度，让师父过百条河，爬千座山，但在这个可怕的地方丢了生命。我要自己去见佛祖。我会请他把经书给我，让我带回唐帝国。如果他不这样做，我会要求他把绑在我头上的头带松开。"

他用筋斗云跳了起来。一小时后，他来到了印度的灵山，那里是佛祖如来[21]的家。他走到四个守卫面前，说，"我有事，一定要见佛祖。"

守卫回答说，"你还没有感谢我们帮你解决了牛魔。这里不是南天门，在那里你可以照自己的心愿进进出出。这里是佛祖的家。如果你在这里有生意，请先告诉我们。我们会告诉佛祖。

---

[21] This is the Buddha Gautama. When referring to himself, the Buddha uses the Chinese word 如来 (rúlaí), or Tathāgata in Sanskrit. The word means "one who has gone," that is, someone who is beyond all transitory phenomena.

Tā jiào nǐ de shíhòu, nǐ jiù kěyǐ jìnqù."

Sūn Wùkōng kāishǐ hé sì gè shǒuwèi dàshēng zhēnglùn. Rúlái tīngdào le zhēnglùn de shēngyīn, jiào Sūn Wùkōng jìnqù. Sì gè shǒuwèi tuì dào yìbiān, ràng Sūn Wùkōng jìnqù.

"Wùkōng," Rúlái shuō, "nǐ wèishénme bù kāixīn?"

Sūn Wùkōng bǎ shìqing de jīngguò gàosù le tā. Tāmen shì zěnme lái dào móguǐ de chéngshì, sān gè móguǐ xiōngdì shì zěnme zhuā le sì gè yóurén, tā shì zěnme yígè rén táozǒu, lóngwáng shì zěnme bāngzhù tā jiù le lìngwài sān gè yóurén, hé tā shì zěnme tīngshuō Tángsēng bèi mówáng chī diào le. Tā zuìhòu shuō, "Ò, wěidà de fózǔ, wǒmen de xīyóu shībài le, tā jiéshù le. Wǒ qiú nǐ, qǐng cóng wǒ de tóu shàng qǔ xià zhège tóu dài, zhèyàng wǒ jiù kěyǐ huí dào wǒ zài Huāguǒ Shān de jiā, zài nàlǐ guò wán wǒ shèngxià de rìzi." Ránhòu tā kāishǐ kū le.

"Bié kū le, Wùkōng. Wǒ rènshí zhè sān gè móguǐ. Lán Máo Shī hé Lǎo Huángyá Xiàng de shīfu míng jiào Wénshū hé Pǔxián. Tāmen huì jiějué nà liǎng gè móguǐ. Dàn dì sān gè, Dà Péng, qíshí hé wǒ yǒuguān."

他叫你的时候,你就可以进去。"

孙悟空开始和四个守卫大声争论。如来听到了争论的声音,叫孙悟空进去。四个守卫退到一边,让孙悟空进去。

"悟空,"如来说,"你为什么不开心?"

孙悟空把事情的经过告诉了他。他们是怎么来到魔鬼的城市,三个魔鬼兄弟是怎么抓了四个游人,他是怎么一个人逃走,龙王是怎么帮助他救了另外三个游人,和他是怎么听说唐僧被魔王吃掉了。他最后说,"哦,伟大的佛祖,我们的西游失败了,它结束了。我求你,请从我的头上取下这个头带,这样我就可以回到我在花果山的家,在那里过完我剩下的日子。"然后他开始哭了。

"别哭了,悟空。我认识这三个魔鬼。蓝毛狮和老黄牙象的师父名叫文殊和普贤。他们会解决那两个魔鬼。但第三个,大鹏,其实和我有关。"

"Ò, zhēn de ma? Shì nǐ fùqīn yìbiān de, háishì nǐ mǔqīn yìbiān de?"

"Kāishǐ shì yípiàn hùndùn. Ránhòu hùndùn fēnlí, chūxiàn tiān. Ránhòu chūxiàn dì, ránhòu chūxiàn rén. Tiāndì hé èr wéi yī, shēngchū le xǔduō shēngwù. Qízhōng yígè jiùshì fènghuáng. Nǐ míngbái ma?"

"Míngbái."

"Fènghuáng shēng xià le kǒngquè hé Dà Péng. Zài nàxiē rìzi lǐ, kǒngquè shì yì zhǒng fēicháng wēixiǎn de shēngwù. Yǒu yì tiān, tā bǎ wǒ xī jìn le tā de dùzi lǐ. Wèi le táozǒu, wǒ zhǐ néng zài tā de bèi shàng kāi yígè dòng, ránhòu qízhe tā huí dào le Líng Shān. Wǒ bǎ tā liú zài zhèlǐ, bǎ tā biàn chéng fózǔ mǔqīn, Shìjiāmóuní púsà. Yīnwéi Dà Péng hé fózǔ mǔqīn yǒu xiāngtóng de fùmǔ, nǐ kěyǐ shuō Dà Péng shì wǒ de jiùjiu."

Sūn Wùkōng xiàozhe shuō, "Wǒ qiú qiú nǐ, kuài lái dǎbài zhège yāoguài."

"Hǎo ba." Rúlái duì Wénshū hé Pǔxián shuō, "Nǐmen de shòu xiāoshī bújiàn duōjiǔ le?"

"哦，真的吗？是你父亲一边的，还是你母亲一边的？"

"开始是一片混沌。然后混沌分离，出现天。然后出现地，然后出现人。天地合二为一，生出了许多生物。其中一个就是凤凰。你明白吗？"

"明白。"

"凤凰生下了孔雀和大鹏。在那些日子里，孔雀是一种非常危险的生物。有一天，它把我吸进了它的肚子里。为了逃走，我只能在它的背上开一个洞，然后骑着它回到了灵山。我把它留在这里，把它变成佛祖母亲，释迦牟尼菩萨。因为大鹏和佛祖母亲有相同的父母，你可以说大鹏是我的舅舅。"

孙悟空笑着说，"我求求你，快来打败这个妖怪。"

"好吧。"如来对文殊和普贤说，"你们的兽消失不见多久了？"

"Qītiān le," Wénshū huídá.

"Zài dìqiú shàng, zhè jiùshì jǐ qiān nián," Rúlái shuō. "Wǒmen yīnggāi kuàidiǎn qù."

Tāmen yìqǐ fēi xiàng móguǐ de chéngshì. "Rúlái, nǐ kàn nàlǐ," Sūn Wùkōng shuō. "Nà shàngmiàn yǒu hēi wù de dìfāng, jiùshì móguǐ de chéngshì."

Fózǔ shuō, "Qù nàlǐ, kāishǐ hé sān gè yāoguài zhàndòu. Nǐ yídìng bùnéng yíng. Tuì dào zhèlǐ. Wǒ huì jiějué tāmen de."

Sūn Wùkōng fēi xiàng móguǐ chéngshì, zǒuxiàng gōngdiàn, dà hǎn dào, "Nǐmen zhèxiē wúfǎwútiān de yāo shòu, chūlái hé lǎo hóuzi zhàndòu ba!" Sān gè móguǐ xiōngdì gāojǔzhe wǔqì, pǎo le chūlái. Tāmen dōu zài gōngjī Sūn Wùkōng. Hóuzi hé tāmen zhàndòu le yīhuǐ'er, ránhòu tā fēi dào le yún zhōng. Sān gè móguǐ gēnzhe tā, dà jiàozhe.

Sūn Wùkōng pǎo dào Rúlái de shēnhòu, bújiàn le. Sān gè móguǐ kàndào de shì sān wèi fózǔ, guòqù, xiànzài hé wèilái. Hái yǒu wǔbǎi míng lǎoshī hé sānqiān míng shǒuwèi. Tāmen bǎ sān gè móguǐ wéi le qǐlái.

"七天了,"文殊回答。

"在地球上,这就是几千年,"如来说。"我们应该快点去。"

他们一起飞向魔鬼的城市。"如来,你看那里,"孙悟空说。"那上面有黑雾的地方,就是魔鬼的城市。"

佛祖说,"去那里,开始和三个妖怪战斗。你一定不能赢。退到这里。我会解决他们的。"

孙悟空飞向魔鬼城市,走向宫殿,大喊道,"你们这些无法无天的妖兽,出来和老猴子战斗吧!"三个魔鬼兄弟高举着武器,跑了出来。他们都在攻击孙悟空。猴子和他们战斗了一会儿,然后他飞到了云中。三个魔鬼跟着他,大叫着。

孙悟空跑到如来的身后,不见了。三个魔鬼看到的是三位佛祖,过去、现在和未来。还有五百名老师和三千名守卫。他们把三个魔鬼围了起来。

Sān gè móguǐ kāishǐ gōngjī. Wénshū hé Pǔxián mǎshàng dà hǎn, "Xiànzài jiù guīshùn ba, wúchǐ de xié shòu!" Shīzi hé dà xiàng dōu fàngxià le wǔqì, tíngzhǐ le zhàndòu. Wénshū hé Pǔxián dàizhe tāmen líkāi le.

Dàn Dà Péng jùjué tíngzhǐ zhàndòu. Tā cóng tiānshàng xiàng xià kàn, kànjiàn Sūn Wùkōng, xiǎng yào yòng zhuǎzi zhuā zhù tā. Rúlái yáo le yáo tóu. Tā biàn chéng le yíkuài xuěròu. Yāoguài xiǎng yào zhuā zhù ròu. Rúlái yòng shǒu zhǐzhe yāoguài. Yāoguài mǎshàng méiyǒu le fēi zǒu de nénglì. Tā bèi kùn zài fózǔ shàngmiàn de tiānkōng zhōng.

"Rúlái," yāoguài hǎn dào, "nǐ wèishénme kùn zhù wǒ?"

Fózǔ huídá shuō, "Nǐ shā le xǔduō shēngwù, qiàn le hěnduō zhài. Gēnzhe wǒ, gǎibiàn nǐ de dào."

"Wǒ bùnéng. Nǐ de dìfāng zhǐyǒu sùshí, dàn wǒ zhǐ néng chī ròu. Rúguǒ wǒ gēnzhe nǐ, wǒ huì è sǐ de."

"Bài wǒ de rén hěnduō. Tāmen zhōng de yìxiē rén huì fàngqì tāmen de shēngmìng, zhèyàng nǐ jiù kěyǐ chī le." Tīng dào zhè huà, Dà

三个魔鬼开始攻击。文殊和普贤马上大喊，"现在就归顺吧，无耻的邪兽！"狮子和大象都放下了武器，停止了战斗。文殊和普贤带着他们离开了。

但大鹏拒绝停止战斗。他从天上向下看，看见孙悟空，想要用爪子抓住他。如来摇了摇头。它变成了一块血肉。妖怪想要抓住肉。如来用手指着妖怪。妖怪马上没有了飞走的能力。他被困在佛祖上面的天空中。

"如来，"妖怪喊道，"你为什么困住我？"

佛祖回答说，"你杀了许多生物，欠了很多债[22]。跟着我，改变你的道。"

"我不能。你的地方只有素食，但我只能吃肉。如果我跟着你，我会饿死的。"

"拜我的人很多。他们中的一些人会放弃他们的生命，这样你就可以吃了。"听到这话，大

---

[22] 债　　　　zhài – debt

Péng méiyǒu qítā de xuǎnzé, zhǐ néng bài xiàng fózǔ. Rúlái bǎ zhè zhī dà niǎo fàng zài tā tóudǐng de guānghuán shàng, chéngwéi tā de shǒuwèi.

Sūn Wùkōng zàicì chūxiàn. Tā xiàng Rúlái kòutóu shuō, "Fózǔ, nǐ dǎbài le móguǐ. Dàn wǒ de shīfu yǐjīng sǐ le."

Dà Péng tīngdào le zhè jù huà. Tā shēngqì de shuō, "Wúchǐ de hóuzi. Wǒ méiyǒu chī nǐ de shīfu. Tā bèi cáng zài wǒ gōngdiàn lǐ de tiě xiāng lǐ."

Tīngdào zhè huà, Sūn Wùkōng mǎshàng xiàng Rúlái jūgōng, fēi huí móguǐ chéngshì. Dāng tā dào le nàlǐ, tā kàndào suǒyǒu de xiǎo móguǐ dōu táopǎo le. Tā jìn le gōngdiàn, zhǎodào le tiě xiāngzi, bǎ tā dǎkāi, bāngzhù Tángsēng chū le xiāngzi. Ránhòu tā jiùchū le tā de liǎng gè xiōngdì. Tā gàosù tāmen fāshēng de yíqiè. Tāmen zài gōngdiàn lǐ zhǎodào le yìxiē mǐfàn, zhǔnbèi le yí dùn jiǎndān de fàncài. Chī wán fàn hòu, tāmen huí dào lùshàng, jìxù xiàng xī zǒu.

Wǒmen bù zhīdào tāmen shénme shíhòu huì zàicì jiàndào Rúlái. Kěnéng wǒmen huì zài xià yígè gùshì zhōng zhīdào gèng duō.

鹏没有其他的选择，只能拜向佛祖。如来把这只大鸟放在他头顶的光环[23]上，成为他的守卫。

孙悟空再次出现。他向如来叩头说，"佛祖，你打败了魔鬼。但我的师父已经死了。"

大鹏听到了这句话。他生气地说，"无耻的猴子。我没有吃你的师父。他被藏在我宫殿里的铁箱里。"

听到这话，孙悟空马上向如来鞠躬，飞回魔鬼城市。当他到了那里，他看到所有的小魔鬼都逃跑了。他进了宫殿，找到了铁箱子，把它打开，帮助唐僧出了箱子。然后他救出了他的两个兄弟。他告诉他们发生的一切。他们在宫殿里找到了一些米饭，准备了一顿简单的饭菜。吃完饭后，他们回到路上，继续向西走。

我们不知道他们什么时候会再次见到如来。可能我们会在下一个故事中知道更多。

---

[23] 光环　　guānghuán – halo

Great Peng and His Brothers
Chapter 74

My dear child, please listen to these words:

> Study well the teachings of Buddha
> When desire leaves, wisdom arrives
> Be patient, let your heart be strong
> Be free of dust like the moon high in the sky
> Do your work without mistakes
> When it is done, you will be an enlightened immortal

You remember last night's story? The Buddhist monk Tangseng escaped from the spiderweb of desire with help from his three disciples – the monkey god Sun Wukong, the pig-man Zhu Wuneng, and the quiet man Sha Wujing. They continued on their journey to the west. Heavy rain washed away the last heat of summer. Cool autumn breezes moved through the trees, and crickets made music at night under the bright moon.

One day as they walked west, Tangseng looked up and saw a very tall mountain. He said, "That mountain is too tall, how can we get to the far side of it?"

Sun Wukong smiled and said, "Don't worry, Master. The ancients say, 'Even the highest mountain has a road, even the deepest water has a ferry boat.' "

Tangseng nodded his head and they continued walking. A few miles later they met an old man. He had long white hair and a long silver beard. He held a dragon's head staff in his hand. "Stop!" he called to the travelers. "There are terrible demons living in these mountains. They have already eaten all the people in this region. They will eat you too."

Tangseng was very frightened. His legs grew weak and he fell off his horse. Sun Wukong wanted to go and talk with the old man, but Tangseng said, "Disciple, your face is too ugly and the sound of your words is too harsh. I am afraid you will frighten the old man and he will refuse to talk to you."

"All right, I will change my appearance," the monkey king replied. He made a magic sign with his fingers. Now he looked like a young Daoist monk with a beautiful face and voice. "How's this?" he asked. Tangseng smiled and said that the ugly monkey was now very handsome.

Sun Wukong walked up to the old man and said, "Grandfather, this poor monk greets you!"

The old man patted him on the head and said, "Little monk, where did you come from?"

"We come from the empire of Tang in the east. We are traveling west to India. We want to find the Buddha's scriptures and bring them back to our people. Just now we heard you talking about the demons that live in this mountain. Would you please tell us more about them, so that we can defeat them?"

"You are a young man and you don't know anything. Let me tell you about these demons. If they send a letter to the Spirit Mountain, five hundred warriors will come to help them. These demons are friends with the dragons of the four oceans, the immortals of the eight caves, and all the gods of all the cities in this region."

"You seem to think very highly of these demons. Perhaps they are friends of yours, or maybe they are your relatives? No matter, I will defeat them. My surname is Sun and my given name is Wukong. My home is the Water Curtain Cave on Flower Fruit Mountain. Many years ago I was also a monster spirit. One day I was drinking wine with some other demons. I fell asleep. Two men dragged me to the underworld to meet Yama and the Lords of Darkness. This made me angry. I used my golden hoop rod to beat the Lords of Darkness. They were very frightened, so they said that they would become my servants if I stopped beating them."

The old man laughed loudly. He said, "You have told me such an unbelievable story, you will never grow any taller yourself. How old are you?"

"Take a guess."

"Oh, maybe seven or eight years old."

"Multiply that by ten thousand and you will be closer to the truth, old man. Now I will show you my true appearance. Please don't be frightened." Sun Wukong wiped his face with his hand. Now he looked like a thunder god. He had long sharp teeth and a wide mouth. He wore a tiger skin robe and held a golden hoop rod in his hand. The old man was so frightened, he began to shake.

Sun Wukong asked, "Grandfather, how many demons are there on this mountain?" But the old man was too frightened to say any more. Sun Wukong turned and walked back to Tangseng and the others.

"Wukong," said Tangseng, "what did you find out?"

"Oh, it's nothing. The people here worry too much. There are just a few monsters. Let's continue our journey."

"Wait a minute," said Zhu. "We all know that elder brother is very good at telling stories and playing tricks. But if you want an honest person, look at me. I will find out the truth."

"All right. But do be careful, Wuneng," said Tangseng.

Zhu put his rake in his belt, smoothed out his black shirt, and walked up the road to speak with the old man. When the old man saw the ugly pig walking towards him he cried, "What bad dream is this, that has such monsters in it? The first one was just ugly. But this one doesn't even look human!"

Zhu said, "Don't be afraid. I am the second disciple of the Tang monk. My elder brother frightened you, so I have come to ask you for some help. Please tell me, what mountain is this? What cave is in the mountain? How many demons are in the cave? And where is the road that can take us across the mountain?"

The old man pointed with his staff and said, "This mountain is Lion Mountain, it is eight hundred miles wide. It has a cave called Lion Cave. Three demons live in the cave."

"That's nothing," said Zhu. "Why should we care about three little demons?"

"You are a fool. These three demons are very powerful. They have many little demons under their command. There are five thousand on the south side, five thousand on the north side, ten thousand guarding the eastern road, ten thousand guarding the western road, five thousand on patrol, and ten thousand guarding the cave. Many more little demons tend the fires and gather wood. In all, there are about forty eight thousand. All of them like to eat human flesh."

When Zhu heard these words, he ran back to Tangseng and the others. "Master, we must turn back! This mountain is full of demons! There are three large demons in a cave and nearly fifty thousand little demons nearby, and they all like to eat human flesh. If we continue, we will become food for them."

"Oh, stop this talk," said Sun Wukong. "The people here are easily frightened. I'm sure we can take care of a few demons."

"How can you defeat fifty thousand demons?" asked Zhu.

"It's easy. I will make my rod grow until it is four hundred feet long and eighty feet thick. When I roll it down the south side of the mountain, five thousand demons will die. When I roll it down the north side, another five thousand will die. And when I roll it east and west, there will be tens of thousands of dead demons."

Zhu nodded. "That's a good idea. I think you can do it in about four hours."

Tangseng also was feeling less frightened. He got back on his horse and they began walking up the mountain. The old man had disappeared. Sha said, "I think the old man was an evil spirit himself."

Sun Wukong said, "Let me take a look." He jumped up into the air and looked around. He saw bright colors in the sky. Looking closer, he saw the Bright Star of Venus. Sun Wukong grabbed him and said, "Long Lived Li, why did you pretend to be an old man and try to make a fool of me?"

"I'm sorry about that," said Li. "But these demons really are very powerful. You have great powers, but still it will be very hard for you."

"Thank you. I hope you will go up to heaven and ask the Jade Emperor to lend us some of his soldiers."

"Of course. Just say the word and you can have an army of a hundred thousand soldiers."

Sun Wukong returned to Tangseng and the others. "Wait here," he said, "I am going to take a look around. I'll find some demons. I will capture one, ask him questions, and learn what is going on here. Then I'll tell the demons to stay in their cave so we can pass though without trouble."

He changed into a fly and waited on a tree branch. For a long time he saw no one. Then a young demon came running along a mountain path. The young demon said to himself, "We must be careful. We must watch out for the one called Sun. He can even turn into a fly!" Sun Wukong waited until the young demon had run a little way ahead. Then he changed into a young demon, a little bit taller than the real young demon but dressed exactly the same.

He shouted, "Hey, wait for me!"

The young demon turned around and said, "Who are you? You are not one of us."

"I work in the kitchen."

"No, our king is very strict. The kitchen staff only works in the kitchen, and the mountain patrollers only work on the mountain. You should not be here."

Sun Wukong thought for a moment, then he said, "You don't know, but I did such a good job in the kitchen that I was given a new job patrolling."

"I don't believe you. Let me see your pass."

Of course Sun Wukong didn't have a pass because he did not know about it. He said, "Let me see your pass first."

The young demon took out his pass. It was a golden plate with the words "Junior Wind Cutter" on it. Sun Wukong looked at it, then he reached into the sleeve of his robe and pulled out a golden plate just like it, but with the words "Chief Wind Cutter" on it.

The young demon saw it and bowed quickly, saying, "Sir, I'm sorry. You just recently were given this job, that's why I did not recognize you."

Sun Wukong said, "That's all right, I'm not angry."

The two of them walked together for a mile or two until they arrived at a tall thin rock. Sun Wukong jumped up and sat on top of the rock. Then he said, "Come here." Young Wind Cutter stood near the rock. Sun Wukong said to him, "Our great king wants to kill and eat the Tang monk, but he is worried about Sun's magic powers. We have heard that Sun can change his appearance and look like one of us. That is why they made me Chief Wind Cutter, so I can find out if you really are a Wind Cutter. Tell me, what powers does our king have?"

Young Wind Cutter said, "Our king has great powers. He once ate a hundred thousand heavenly warriors at once."

"That's crazy. No matter how big our king's mouth is, how could he eat a hundred thousand warriors?"

"Our king is called Blue Haired Lion. He can make himself as tall as the sky or as small as a vegetable seed. One day he was angry because the Queen Mother did not invite him to a banquet in heaven. He started a war. The Jade Emperor sent a hundred thousand heavenly soldiers to fight him. Our king gave himself a magical body with a mouth as big as a city gate. He was ready to eat all the soldiers, but they ran away and locked the gates of heaven."

"That is correct. Now, tell me about the second king."

"Our second king is called Old Yellow Tusk Elephant. He is thirty feet tall, has a voice like a beautiful woman, and a nose like a dragon."

"That's right. And what about the third king?"

"Our third king is called Great Peng of Ten Thousand Cloudy Miles. He is not from this world. He moves the wind and the seas. He carries a treasure called the Yin Yang Jar. Anyone put in that jar turns to liquid in a few minutes."

Sun Wukong thought, "I'm not scared of the bird, but I'd better watch out for that jar!" Turning to Young Wind Cutter he said, "That's right. Now tell me, which one wants to eat the Tang monk?"

"Don't you know, sir? They all do! Our first king and second king have lived here in Lion Mountain for many years. Our third king, the Great Peng, used to live a hundred miles away in a different country. Five hundred years ago he ate every person in the capital city, and turned the rest of the country's people into demons. Recently he heard about the coming of the Tang monk. He heard that anyone who eats the Tang monk's flesh will live forever and never grow old. But he is afraid of the monk's disciple Sun. So he came here. Now he and the other two kings are working together to capture the Tang monk."

This made Sun Wukong very angry. "How dare they plan to eat my master?" he cried. He whipped out his rod and quickly killed the Young Wind Cutter demon. "Oh, I suppose he meant well," he thought, "but what is done is done. That's that."

He took the dead Young Wind Cutter's golden pass and tied it around his waist. Then he made a magic sign and changed his form to look exactly like the dead Young Wind Cutter. He ran towards Lion Cave. When he arrived, he saw forty groups of 250 soldiers each, for a total of ten thousand soldiers. He thought, "Long Lived Li was telling the truth after all!"

He walked up to the gate of the cave. Several soldiers stopped him and said, "You're back, Young Wind Cutter. Did you see the one they call Sun?"

"Yes," Sun Wukong replied. "We all should be very afraid of Sun. He looks like a great god, several hundred feet tall. He was talking about how he was planning to use his magic rod to kill all the demons in this mountain. Now, I was thinking. Our king wants to capture this Tang monk. But the monk only has a few pounds of flesh. There is no way that our great king can give each of us some of the monk's flesh. So I think we should just run away and save our own lives."

"You're right!" they cried, and in a few minutes, all ten thousand soldiers had disappeared.

"Well, that was easy!" Sun Wukong said to himself. And he walked into the cave.

Chapter 75

What did Sun Wukong see when he walked into the cave?

> Hills of skeletons
> Mountains of corpses
> Forests of bones
> Piles of human heads and hair
> Oceans of blood
> The smell of cooking human flesh
> Only the Monkey King would dare to enter!

He walked past the skeletons, corpses and bones. After passing through the second gate he came to a part of the cave that was quiet, peaceful and beautiful. He walked two or three more miles and passed through the third gate. Here he saw a hundred and ten soldiers in armor. In the middle of the cave, three demons sat on chairs. What did they look like?

The demon in the middle had

> A round head and a square face
> A voice like thunder
> Eyes that shine like lightning

> He is the king of all animals
> This is the senior demon, the Blue Haired Lion.

The demon on his left had

> A white face like a bull
> Golden eyes and two long yellow tusks
> A long nose and silver hair
> His head looks like a tail
> A huge body but a voice like a young woman
> This is the second demon, Old Yellow Tusk Elephant.

The demon on his right had

> Golden wings and a huge head
> Leopard eyes that shine like stars
> He shakes the north when he flies south
> Even dragons are frightened of him
> He can fly thirty thousand miles through clouds
> This is the third demon, Great Peng.

Sun Wukong was not afraid. He still looked like Young Wind Cutter. He walked up to the three demons and said, "Your Majesties, I went to find the disciple they call Sun. I found him. He is over a hundred feet tall. When I saw him, he was playing with his magical golden hoop rod. He said to himself that he was getting ready to attack Your Majesties."

"Quick!" shouted one of the generals, "Get everyone inside the cave, and shut the gates. Let the Tang monk and his disciples pass through our land."

One of the soldiers replied, "Sir, the little demons have all run away. They must be frightened."

The soldiers shut the gates to the cave. Sun Wukong said, "Be careful, Your Majesties. This Sun can change into a fly." Then he pulled a hair from his head, blew on it, whispered

"Change!" and turned it into a golden fly.

The fly flew towards Blue Haired Lion's face. The lion shouted, "Brothers, he is inside our cave!" Sun Wukong laughed. But when he laughed his face turned back into its original monkey form for a few seconds.

Great Peng saw this, ran forward and grabbed Sun Wukong. He shouted, "This isn't Young Wind Cutter, this is Sun himself! He must have killed the real Young Wind Cutter and taken his appearance to trick us." Great Peng knocked Sun Wukong to the ground, tied him up with ropes, and pulled off his clothes. Under the clothes he still looked like a monkey. He had a long tail and was covered with brown hair.

"We caught him!" shouted the Blue Haired Lion. "Quick, put him in the jar!" He told thirty six little demons to fetch the jar. The jar was very small, only two feet four inches high. But it was very heavy because it was a treasure of yin and yang. Thirty six people were needed to carry it, one for each of the stars in the Dipper. The little demons brought the jar. They removed its lid. Immediately Sun Wukong was sucked inside by a magical fog that came from the jar. They put the lid back on the jar.

"Ha!" said the demons. "That monkey can forget about his journey to the west. The only way he will see Buddha is to go through the great Wheel of Rebirth." Then they all went into another room to relax and drink wine.

Sun Wukong made himself very small. He sat down inside the jar. It was cool and quite comfortable. He laughed and said, "These demons were wrong. They said anyone in this jar would be dead in a few minutes. But it's so comfortable here, I could stay here for years."

But he did not know about the jar's magic. As long as the

prisoner was quiet, the jar was cool and comfortable. But as soon as the prisoner spoke, the fires started. Inside the jar it quickly became burning hot. Sun Wukong made a magic sign with his hands to protect himself from the fire. Then forty snakes came to bite him. He grabbed them and broke them into eighty pieces. Then three fire dragons came and flew in circles above him.

He was worried about the fire dragons, so he made a magic sign and grew to be twelve feet tall. The jar grew also. Then he made himself as small as a vegetable seed. The jar became small. No matter what he did, he remained trapped in the jar. One of the fire dragons blew fire on his feet and they started to hurt badly.

He began to cry. But then he remembered something. He said to himself, "Many years ago, the Bodhisattva gave me three magic hairs. I wonder if I still have them. " He ran his hands over his body. All his hairs were soft, but he found three rigid hairs on the back of his head.

He pulled the three rigid hairs out of his head, blew on them with magic breath and said, "Change!" The first hair became a drill, the second hair became a strip of bamboo, and the third hair became a silken cord. He put them together and made a magic drill. He drilled a small hole in the bottom of the jar. The yin and yang forces flowed out of the hole. The jar became cool. Sun Wukong changed into a tiny insect and escaped through the hole. He flew away and landed on the head of the Blue Haired Lion.

"Third brother," said the Blue Haired Lion, "has that monkey been turned to liquid yet?" Great Peng told some messengers to bring the jar.

"The jar is too light!" he shouted. Then he took off the lid and looked inside. "It's empty. The monkey has escaped. Find him!"

Sun Wukong ran out of the cave, shouting, "I made a hole in the jar and escaped. The yin and yang have also escaped. Now you can use your jar for a chamber pot!"

Shouting and dancing with glee, he flew on a cloud to Tangseng. When he came close he looked down. Tangseng had his hands in front of his chest. He was saying,

> Oh, you immortals in the clouds
> Protect my disciple
> His powers are great, his magic has no limits
> The good monkey, Sun Wukong.

Sun Wukong came down to the ground. He gave Tangseng a full report of everything that had happened. When he finished, Tangseng said, "So, you did not fight the evil demons. Therefore I dare not travel across this mountain."

"Master, there are three big demons and tens of thousands of little demons. How can I fight them all by myself?"

"Zhu and Sha also have some skills. Let them help you."

"All right." He turned to the other disciples. "Sha, you protect Master. Zhu, you come with me."

"Elder brother," said Zhu, "how can I help you? I can't do much of anything."

"You know the saying, 'Even a fart can make the wind stronger.' I'm sure you can be helpful."

And so, Sun Wukong and Zhu flew back to the cave. The gates were shut. Sun Wukong shouted, "Open the gates, evil monsters! Come out and fight Old Monkey!"

Two of the demons were too afraid to come out, but Blue

Haired Lion said to his brothers, "We already have a poor reputation in this region. If we don't fight Sun, our reputation will be even worse. I will go out there and fight him. If I can't last three rounds with him, I will return to the cave and we will let them pass through to the west."

Blue Haired Lion put on his golden armor and walked out of the cave. In a voice like thunder he said, "Who is knocking at my gates?"

"It's your grandfather Sun, the Great Sage Equal to Heaven," said Sun Wukong.

"I have never caused you any trouble. Why do you want to fight me now?"

"What? How can you say 'no trouble'? Your foxes and dogs are trying to capture my master and eat him."

"All right, let's fight. But I will not use my soldiers, and you must not get help from anyone. Just you and me." Sun Wukong nodded his head and told Zhu to stay back.

Blue Haired Lion said, "Come here. Let me hit you on the head three times with my sword. If you are not killed, I will let you and your master pass through."

Sun Wukong stood without moving. Blue Haired Lion lifted his huge sword with both hands and brought it down onto the top of the monkey's head. There was a mighty sound, but his head was not hurt at all.

"You really do have a hard head!" said Blue Haired Lion.

"Your sword is not very sharp. Go ahead, hit me with it again."

Blue Haired Lion used all his strength to hit him again. This time, Sun Wukong's head was cut in two. He rolled on the ground and gave himself a second body. Blue Haired Lion was frightened by this. Zhu was watching from a short distance away. He laughed and said, "Go ahead, hit him again. You'll have four monkeys to fight!"

Blue Haired Lion tried to hit Sun Wukong a third time, but the monkey raised his golden hoop rod and blocked the blow. They began to fight. The monkey used his magic rod, the lion used his great sword. They fought on the ground and in the sky. The sky filled with clouds, the earth was covered with fog. Good and evil fought for twenty rounds but neither could win. Then Zhu ran in and joined the fight. The monster was frightened and ran away. Sun Wukong ran after him. The lion turned, opened his mouth wide, and swallowed the monkey in one bite.

Zhu saw this. He cried, "Oh brother, you are a fool. Why did you go towards the monster? Today you were a monk, but tomorrow you'll just be a pile of shit."

With his head down, Zhu walked slowly back to Tangseng and Sha. He said, "Sha, go and get the luggage. We should each take a few things and split up. You can go back to your river and continue eating people. I will go back to my village and see my wife. We can sell the white horse to buy a coffin for Master." Tangseng heard this and began to cry.

Meanwhile, Blue Haired Lion returned to his cave. "I caught one of them," he said to his brothers. "He's in my belly."

Great Peng said, "Elder brother, you should not eat the monkey. He is not good to eat."

"I am delicious," said Sun Wukong from inside Blue Haired Lion's belly. "And you will never be hungry again."

When the Blue Haired Lion heard a voice coming from his belly he became frightened. He told some little demons to bring him some hot salt water. He drank it quickly, hoping that he would vomit Sun Wukong out of his belly. But Sun Wukong held on to the monster's belly and would not come out.

"I don't want to come out," he said. "I have been a monk for several years, and I'm always cold and hungry. But here it's very warm and there's lots of food to eat. I think I'll stay here all winter."

"Then I will stop eating and you will die from hunger."

"I don't think so. I have a nice cooking pan with me. I will make a fire and cook all the organs of your body. If there's too much smoke, I'll make a hole in your head and use it for a chimney. That will also give me some sunlight."

Blue Haired Lion called for some wine. He drank cup after cup of wine. As the wine came down into the monster's belly, Sun Wukong drank it. After a while he became drunk. He ran around, doing somersaults and kicking the monster from the inside. The pain was terrible. Finally the monster fell down on the floor, unconscious.

Chapter 76

The monster lay without moving for a few minutes, then he said to the monkey in his belly, "Oh Bodhisattva, Great Sage Equal to Heaven, be kind to me!"

"Oh, just call me Grandpa Sun," Sun Wukong replied.

"Grandpa Sun! Grandpa Sun! I should not have eaten you, I am sorry! Please let me live. I do not have any treasure to give you. But I will carry your master across the mountain on my sedan chair."

"That would be better than treasure. Open your mouth, I am coming out."

Just as the monster started to open his giant mouth, Great Peng said quietly, "When the monkey comes out of your mouth, bite him, chew him, and eat him. That will finish him." Sun Wukong heard all this, of course. So when Blue Haired Lion opened his mouth, Sun Wukong pushed his golden hoop rod out of the mouth. The monster bit down on the rod, breaking one of his teeth.

"So!" said Sun Wukong, "you are not a very nice monster. I let you live but you tried to kill me. Now I will just stay in your belly."

Great Peng heard this. He tried to make Sun Wukong angry. He said, "Monkey, I have heard how powerful you were outside the Southern Heaven Gate, and I have heard of the many demons you have killed. But now I think that you are very small and weak. You are hiding in my brother's belly. Come out and fight me now!"

"You know it would be easy for me to kill this monster from the inside. But that would hurt my reputation. So I will come out. But we should not fight in this cave, it's much too small. We must find a place where I can use my rod."

The other two demons carried Blue Haired Lion out of the cave. Thirty thousand little demons surrounded them. They all had weapons. They waited for Sun Wukong to come out of the monster's belly.

Sun Wukong pulled a hair from his head, said, "Change," and made it into a thin rope four hundred feet long. He tied one end around the monster's heart. He held the other end in his hand. Then he made himself very small. He did not want to risk going past the monster's sharp teeth, so he climbed up into the monster's nose. The monster sneezed, and Sun Wukong flew out of his nose.

The monkey immediately grew to thirty feet tall. He started to fight all three of the great monsters and the thousands of little demons. But there were too many enemies, so he used his cloud somersault to fly away to a nearby mountaintop. Then he pulled on the rope. It became tight around Blue Haired Lion's heart. The monster fell to the ground in pain.

Sun Wukong was angry. He shouted at them, "You are nothing but a gang of criminals. You promised to let me out of the monster's belly, then you tried to bite me. You promised to fight me one on one, then you brought thousands of soldiers to fight me. It's over between you and me. I will kill Blue Haired Lion and drag his body away to show it to my master."

"Please, don't do that!" they all cried.

"If I let him live, will you let us pass through your mountain?"

"Yes," said Great Peng. Sun Wukong thought he was telling the truth. So he released the rope from Blue Haired Lion's heart. Great Peng continued, "Please go back to your master, Great Sage. Tell him to prepare to leave. We will bring the sedan chair to him." All the little demons put down their weapons.

Sun Wukong returned to his master and the other two disciples. He saw Tangseng crying. Sha and Zhu were splitting up the luggage. "Oh no," thought Sun Wukong, "that idiot pig has told my master that I'm dead. That's why he's crying."

Zhu saw Sun Wukong. He said to the others, "With my own eyes I saw the monster eating him. This must be an evil ghost."

Sun Wukong slapped him in the face, hard. "Idiot! Do you still think I am an evil ghost?" Turning to Tangseng he said, "Master, don't worry. The monsters are coming with a sedan chair to carry you across the mountain."

Tangseng bowed and said, "Disciple, I have caused you great trouble. If I believed Zhu we would have been finished!" They sat down and waited by the side of the road for the monsters to arrive.

Back at the cave, the three demon brothers were making plans. Old Yellow Tusk Elephant said, "I thought Sun was a great warrior with nine heads and eight tails. But now I see that he is just a little monkey. We can capture him easily. Give me three thousand little demons."

Great Peng replied, "I will give you every little demon in my army." They gathered all the demon soldiers together. Then they sent a messenger to Sun Wukong, telling him that Old Yellow Tusk Elephant was ready to fight him.

Sun Wukong laughed when he heard this. He said to Zhu, "Well, it looks like their senior demon, Blue Haired Lion, doesn't dare fight me again. They are sending their second demon, Old Yellow Tusk Elephant. You should fight him, Zhu."

"All right, but give me that magic rope."

"Why? You can't jump inside the elephant's belly and tie it around his heart."

"I want you to tie it around my waist. Hold the end of the rope. If you see that I'm winning the fight, give me more rope. But if I'm losing, pull the rope and get me out of there."

Sun Wukong smiled and tied the rope around Zhu's waist. Zhu raised his rake and attacked the elephant. The elephant threw his spear at Zhu's face. Zhu blocked the spear. The two fought for seven or eight rounds Zhu began to get tired. He shouted to Sun Wukong, "Elder brother, pull the rope, get me out of here!"

Sun Wukong laughed and dropped the rope onto the ground. Zhu turned and ran away from the monster. He didn't see the rope on the ground so he tripped on it and fell. The elephant caught up with Zhu, wrapped his trunk around him, held him high in the air and carried him back to the cave. All the little demons shouted and cheered.

Tangseng saw this. He was very angry at Sun Wukong for allowing his brother to be captured. Sun Wukong said, "Stop complaining, Master. I will go and rescue him." He turned into a little fly, flew into the cave, and landed on Zhu's ear.

The elephant demon threw Zhu on the ground and said to his brothers, "Look, I've caught one of them." Then he said to the little demons, "Tie him up and put him in a pool of water. Leave him there for a day. Then we can cut open his belly, salt him, and dry him in the sun. He will taste good with some red wine." The little demons dragged him away.

Sun Wukong said to himself, "Well, what should I do? Master wants me to save the pig. But he is always causing trouble. A few days ago I heard Sha say that Zhu has hidden some money. I wonder if that's true." So he changed his voice and said in the pig's ear, "Zhu Wuneng, Zhu Wuneng. I am a messenger from the Fifth King of the Underworld. He has sent me to drag you down to the underworld."

Zhu was frightened. He said, "Please go back and tell the Fifth King that I'm busy today, and please come back tomorrow."

"No. If the Fifth King decides that you will die on the third watch, you will not live to see the fourth watch. Come with me right now."

"Please, I want to live one more day. Wait until these evil monsters have captured my master and my brothers."

Sun Wukong smiled to himself. He said, "All right. I need to catch thirty other people today. I can wait until tomorrow, but you must give me some money."

"I am a poor monk, I don't have any money!"

"Too bad. Then you are coming with me right now."

"Wait, wait! I have been keeping little bits of silver that people have given to me over the years. In total it's about half an ounce. It's in my left ear. Take it!"

Sun Wukong looked in Zhu's left ear. Sure enough, deep inside his ear was a little silver ball. Sun Wukong reached into the ear, grabbed the silver ball, and held it in his hand. He laughed loudly. Zhu recognized that laugh. He said, "Damn you, coming here and stealing my money when I'm in such trouble."

"I've got you now, you coolie. You've been getting rich while I have suffered to protect our master."

"Rich? This is just enough for me to buy some cloth for a new robe. You stole it from me. Now give me back half of it."

"You won't get a penny of it." Sun Wukong grabbed Zhu's feet and dragged him out of the pool of water. "Now let's get going. And we are not going out through the back gate. We are leaving through the front gate."

Sun Wukong ran towards the front gate, swinging his rod and killing little demons left and right. Zhu saw his rake nearby. He grabbed the rake and also attacked the little demons. Old Yellow Tusk Elephant heard the fighting and ran towards Sun Wukong. The two of them began to fight.

> The elephant was sworn brother to the lion
> Together they planned to eat the Tang monk
> The monkey king had great powers
> He saved the foolish pig and killed the little demons

> The elephant's spear moved like a snake in the forest
> The monkey's rod moved like a dragon from the sea
> They fought hard for the Tang monk.

Zhu watched the fight. He shouted, "Elder brother, watch out for the trunk! Push your rod inside the trunk!" Sun Wukong heard this. He made his rod as thick as a chicken's egg and pushed it hard up inside the elephant's trunk. Then he grabbed the end of the trunk with his other hand. Zhu ran towards the elephant, his rake held high.

"Wait," shouted Sun Wukong, "don't kill the elephant. Master will be angry if you do. Use the other end of your rake." Zhu turned his rake around, and began hitting the elephant with the rake's handle. Sun Wukong dragged the elephant out of the cave and down the mountain path towards Tangseng.

Tangseng saw them coming. He said to Sha Wujing, "Wonderful! That is a very big evil spirit. Ask him if he will help us cross over the mountain."

Sha walked up to the elephant and asked him to take his master across the mountain. The elephant replied, "I will carry Lord Tang myself if you let me live."

Sun Wukong said to him, "We are good people. We will let you live. Go and fetch the sedan chair. But if you try to harm us again, we will certainly kill you." The monster kowtowed and left. Sun Wukong told Tangseng everything that had happened. Zhu was filled with shame. He walked away from the others. He took off his wet clothes and put them on some rocks to let them dry in the sun.

Back at the cave, Old Yellow Tusk Elephant told his two brothers what happened, and how the Tang monk had been kind to him. He said to them, "What should we do, my brothers? Should we help the monk?"

Great Peng said, "Of course we should get ready to carry them across the mountain. That is part of our plan to bring the tiger down from the mountain."

"What do you mean by that?" asked Old Yellow Tusk Elephant.

"Call ten thousand little demons to the cave. Choose one thousand from the ten thousand. Choose one hundred from the thousand. Then choose sixteen and thirty from the hundred. The thirty must be good cooks. Give them the best food. Tell them to go ten miles west of here, and prepare a great feast for the Tang monk. They should also prepare another meal twenty five miles from here."

"And what about the sixteen?"

"Eight will carry the sedan chair. Eight will shout to clear the way. The three of us will walk next to the sedan chair. We will walk west until we reach my home city 150 miles away. I have a great army there."

The three great demons and the sixteen little demons went back to meet Tangseng and the three disciples. Eight little demons carried the sedan chair. "Please get into the sedan chair, my lord," said Old Yellow Tusk Elephant. Tangseng did not realize it was a trick. And even Sun Wukong did not look closely at the situation. He told Zhu and Sha to tie the luggage to the white horse and protect Tangseng. He walked in front of the group, clearing the way with his rod. In this way they all began walking west.

They walked ten miles, then they all stopped and had a delicious vegetarian meal. After eating, they continued walking for another fifteen miles, where they had a second very good meal. After that they stopped for the night, resting comfortably.

In this way they traveled west for 150 miles. They arrived at a great walled city. Sun Wukong was in front and he saw the city first. What did he see?

> There were large crowds of evil monsters and demons
> Wolf spirits were at all four gates
> Tigers were the generals
> Deer were the messengers
> Foxes walked the streets
> Rabbits sold things in shops
> Long snakes rested on the city walls
> The city was filled with monsters
> Once this was the capital of a heavenly kingdom
> Now it is a city of wolves and tigers!

Sun Wukong was looking at the city. He did not see that Great Peng had come up behind him, preparing to hit him on the head with his weapon. He heard the sound of wind and turned around quickly. He blocked the bird's blow with his rod. They began to fight. The lion began to fight with Zhu and the elephant fought with Sha. While all three disciples were busy, the sixteen little demons grabbed the white horse, the luggage and Tangseng. They carried them into the walled city.

"Your Majesty, what do we do now with the Tang monk?" asked one of the tiger generals.

"Do not frighten the monk," replied the elephant while he was fighting Sha. "It will make his flesh taste bad." So the little demons treated Tangseng very well. They gave him a seat of honor, offering him tea and food. Tangseng looked around, not seeing anyone that he knew. He became confused.

Chapter 77

The three disciples fought with the three demons all day and into the evening. Clouds gathered in the sky and it became dark. Zhu was tired. He tried to run away but Blue Haired Lion grabbed him. He threw Zhu to a group of little demons. They tied up the pig and took him to the throne room. Then the lion returned to the fight to help his brothers.

Sha saw that the fight was going badly. He also tried to run away. Old Yellow Tusk Elephant wrapped his trunk around him, gave him to the little demons, and told them to take also him to the throne room. Then he went to help Great Peng in his fight against Sun Wukong.

Now Sun Wukong was fighting against all three demon brothers. He saw that he could not win, so he flew away on his cloud somersault. Great Peng flew swiftly after him. Sun Wukong's cloud somersault lets him travel 36,000 miles in one somersault. But Peng could cover 30,000 miles with just one flap of his wings. So he quickly caught up to Sun Wukong, grabbing him in his claws. He carried the monkey back to the city, where the little demons tied him up with ropes and put him on the floor next to Zhu and Sha.

At the hour of the second watch, the little demons pushed Tangseng into the room where his three disciples lay on the floor, tied with rope. He fell crying to the floor next to Sun Wukong and said, "Oh disciple, you have always used your magic powers to defeat demons. But now even you have been defeated!"

Zhu and Sha also started to cry. But Sun Wukong just smiled and replied, "Relax, Master! You will not be harmed. We will escape soon. You think these ropes are heavy, but to me they are like an autumn breeze blowing past my ears."

Just then, they heard the three monsters talking about how they would steam and eat the four travelers. "Listen," said Zhu, "those monsters are planning to steam and eat us. We are about to become neighbors of King Yama, and you're talking about autumn breezes!"

The little demons came. They picked up the four travelers. They put Zhu in the bottom layer of a large cooking pot. They put Sha in the second layer. Just before they picked up Sun Wukong to put him in the third layer, the monkey pulled a hair from his head, said, "Change," and turned it into a second monkey just like himself. His true body rose into the air where he could look down on the room. The little demons put the false monkey in the third layer, then put Tangseng on the top layer. Then they started a fire.

"I'd better do something quick," said Sun Wukong. "Master won't last long in that heat." He quickly made a magic sign in the air and said some magic words. At once Aoshun, the Dragon King of the North Sea, arrived and kowtowed to the monkey king.

"Please rise," said Sun Wukong. "I came here with Master Tang. He was captured by three terrible demons. They put him in that cooking pot. Please protect him and my brothers." Aoshun changed into a cool breeze. He blew himself towards the cooking pot and wrapped himself around it. The inside of the pot became quite cool.

Now it was too cool for Zhu. He said to the others, "You know, when we were first put into this pot it was nice and warm. Now it's cold. I have a little bit of arthritis and I liked the heat. This is too cold for me!"

Sun Wukong laughed when he heard this. Then he decided it was time to rescue Tangseng and his brothers. He remembered that he once played a game of guess-fingers with one of the heavenly kings, and he had won a few sleep-causing insects. He reached into his tiger-skin kilt and found a few. He threw ten of them in the faces of the little demons. The insects crawled into the noses of the little demons, and all the demons fell asleep.

The monkey thanked the Dragon King. Then he lifted the cover off the pot. He untied Tangseng, Zhu and Sha and lifted them out of the pot. He said, "There are still many mountains ahead of us. Master will not be able to cross them on foot. And we need our travel rescript. So we must find our horse and luggage."

He went back to the throne room. He found the horse and untied it. Then he saw the luggage and picked it up. He brought the horse and luggage back to the others. Tangseng got on the horse. They all started walking towards the palace's front gate. But when they arrived at the front gate they found that it was locked using magic, and Sun Wukong could not open the lock.

"This is not a problem," said Zhu. "Let's find a place where we can just lift Master up over a wall, and escape that way."

Sun Wukong laughed and said, "That's no good. When we return with the scriptures later, we don't want people to think that we are wall-climbing monks!"

Zhu said, "This is not the time to worry about such things, brother. We have to run for our lives!"

Several more little demons heard the noise of the prisoners escaping. They ran to the three demon brothers to report. The demon brothers ran to the front gate, but saw that it was still locked. They ran to the back gate and saw it was also locked. Then they saw the four monks trying to climb a wall. The demons ran towards them, shouting. Tangseng fell off the wall and was captured. Zhu, Sha and the white horse were also captured. Only Sun Wukong escaped.

The demons tied Zhu and Sha to pillars in the main hall, but the elephant held on to Tangseng and started to open his mouth. Great Peng said to him, "Big brother, don't eat him now. The best way is to cook him and eat him slowly, with a good wine and music."

Old Yellow Tusk Elephant replied, "Quite right, brother. But we must be careful. Soon that wretched monkey will return and try to steal the monk."

"I have a large iron chest here in the palace. Hide the monk in the chest. Tell everyone that we have already eaten the monk. When the monkey comes here, he will hear people saying that the monk has been eaten and he will go away. Later we can eat the monk with no problems."

Sun Wukong flew to the Lion Cave and spent the rest of the day killing all the little demons that he found there. The next day he flew back to the city. He changed his appearance to look like a little demon. Walking through the streets of the city, he heard people saying that the Tang monk had been eaten by the demons brothers the previous night. He entered the palace and found Zhu and Sha tied up. "Where is Master?" he asked them.

Zhu replied, "The little demons are saying that Master was eaten last night. But I didn't see it with my own eyes. You should try to find out what really happened."

But Sha said, "Oh brother, last night the monster spirits ate our Master!"

Sun Wukong flew to a nearby mountain, where he sat down and cried for a while. Then he said to himself, "Why did the

Buddha do this to us? If he really cared about us, he would have sent his scriptures to the East. But no, he didn't do that. He put the scriptures in India and made Master cross a hundred rivers and climb a thousand mountains, only to lose his life in this awful place. I will go see Buddha myself. I will ask him to give me the scriptures to bring back to the Tang Empire. And if he won't do that, I will ask him to release me from the headband that's wrapped around my head."

He jumped up, using the cloud somersault. An hour later he was in India at Spirit Mountain, the home of the Buddha Tathāgata. He walked up to the four guardians and said, "I must see the Buddha on some business."

The guardians replied, "You still have not thanked us for helping you with the Bull Demon. And this is not like the South Heavenly gate where you can just run in and out as you wish. This is the home of the Buddha himself. If you have business here, tell us first. We will tell the Buddha. You can enter when he calls for you."

Sun Wukong began to argue loudly with the four guardians. Tathāgata heard the arguing and called for Sun Wukong to enter. The four guardians stepped aside to let Sun Wukong enter.

"Wukong," said Tathāgata, "why are you unhappy?"

Sun Wukong told him the whole story – how they arrived at the city of demons, how the three demon brothers captured the four travelers, how he alone escaped, how the Dragon King helped to save the other three travelers, and how he heard that Tangseng had been eaten by the demon kings. He finished by saying, "Oh great Buddha, our journey has ended in defeat. I beg you, please remove this headband from my head so I may return to my home on Flower Fruit Mountain and live there for the rest of my days." Then he began to cry.

"Do not cry, Wukong. I know these three demons. Blue Haired Lion and Old Yellow Tusk Elephant have masters named Manjusri and Visvabhadra. They will take care of those two demons. But the third one, Great Peng, is actually related to me."

"Oh, really? On your father's side or your mother's side?"

"In the beginning there was chaos. Then chaos was separated and Heaven was born. After that, Earth was born, then Man was born. Heaven and Earth came together and the many creatures were born. One of those was the phoenix. Do you understand?"

"Yes."

"The phoenix gave birth to the peacock and the Great Peng. In those days the peacock was a very dangerous creature. One day it sucked me into its belly. To escape I had to cut a hole in its back and ride it back to Spirit Mountain. I kept it here and made it Buddha-mother, the Bodhisattva Sakyamuni. Since Great Peng and the Buddha-mother have the same parent, you could say that Great Peng is my uncle."

Sun Wukong laughed at this and said, "I beg you, please come and defeat this monster."

"All right." Tathāgata said to Manjusri and Visvabhadra, "how long have your beasts been missing?"

"Seven days," replied Manjusri.

"That is equal to several thousand years on earth," said Tathāgata. "We should go quickly."

They flew together to the demon city. "Tathāgata, look there," said Sun Wukong. "That place with black fog above it is the demon city."

The Buddha said, "Go there and begin fighting with the three monsters. You must not win. Retreat back here. I will deal with them."

Sun Wukong flew down to the demon city, approached the palace, and shouted, "You lawless beasts, come out and fight Old Monkey!" The three demon brothers ran out holding their weapons high. They all attacked Sun Wukong. The monkey fought them for a while, then he flew up into the clouds. The three demons followed him, shouting.

Sun Wukong ran behind Tathāgata and disappeared. Instead, the three demons saw three Buddhas – past, present and future, along with five hundred teachers and three thousand guardians. They surrounded the three demons.

The three demons attacked. Immediately Manjusri and Visvabhadra shouted, "Submit now, wretched beasts!" The lion and elephant both dropped their weapons and stopped fighting. Manjusri and Visvabhadra led them away.

But Great Peng refused to stop fighting. He looked down from the sky, saw Sun Wukong, and tried to grab him with his claws. Tathāgata shook his head. It changed into a piece of bloody meat. The monster tried to grab the meat. Tathāgata pointed his finger at the monster. Immediately the monster lost the ability to fly away. He was trapped in the sky above the Buddha.

"Tathāgata," shouted the monster, "why are you holding me?"

The Buddha replied, "You have killed many creatures and incurred a great debt. Follow me and change your ways."

"I cannot. Your place only allows a vegetarian diet, but I can only eat meat. If I follow you, I will die from hunger."

"There are many people who worship me. Some of them will give up their lives so that you may eat." When he heard this, the Great Peng had no choice but to surrender to the Buddha. Tathāgata put the great bird on the halo on his head, to serve as his guardian.

Sun Wukong reappeared. He kowtowed to Tathāgata and said, "Father Buddha, you have defeated the demons. But my master is dead."

Great Peng heard this. He said angrily, "Wretched monkey. I did not eat your master. He is hidden in an iron chest in my palace."

When he heard this, Sun Wukong bowed quickly to Tathāgata and flew back to the demon city. When he arrived he saw that all the little demons had run away. He entered the palace, found the iron chest, opened it, and helped Tangseng get out. Then he freed his two brothers. He told them everything that happened. They found some rice in the palace and prepared a simple meal. After they finished the meal, they returned to the road and continued their journey to the west.

We don't know when they will see Tathāgata again. Perhaps we will know more in the next story.

Proper Nouns

These are all the Chinese proper nouns used in this book.

Pinyin	Chinese	English
Běidǒu Xīngzuò	北斗星座	Big Dipper, a constellation
Běihǎi Lóngwáng Áoshùn	北海龙王敖顺	Aoshun, the Dragon King of the North Sea, an immortal
Dà Péng	大鹏	Great Peng, a demon
Hēi'àn Wáng	黑暗王	Lords of Darkness, immortals
Huāguǒ Shān	花果山	Flower Fruit Mountain
Lán Máo Shī	蓝毛狮	Blue Haired Lion, a demon
Lǎo Huángyá Xiàng	老黄牙象	Old Yellow Tusk Elephant, a demon
Lǐ Chánggēng	李长庚	Long Lived Li, personal name of Bright Star of Venus
Líng Shān	灵山	Spirit Mountain
Niú Mó	牛魔	Bull Demon, a demon
Pǔxián	普贤	Visvabhadra, an immortal, assistant to Tathāgata
Qí Tiān Dà Shèng	齐天大圣	Great Sage Equal to Heaven, a title for Sun Wukong
Rúlái	如来	Buddha Tathāgata, an incarnation of Buddha Gautama
Shā (Wùjìng)	沙(悟净)	Sha (Wujing), junior disciple of Tangseng
Shìjiāmóuní	释迦牟尼	Sakyamuni, another name for Buddha Gautama
Shīzi Dòng	狮子洞	Lion Cave
Shīzi Shān	狮子山	Lion Mountain
Shuǐlián Dòng	水帘洞	Water Curtain Cave
Sūn Wùkōng	孙悟空	Sun Wukong, the Monkey King, elder disciple of Tangseng
Tàibái Jīnxīng	太白金星	Bright Star of Venus, an Immortal

Táng	唐	Tang, an empire
Tángsēng	唐僧	Tangseng, a Buddhist monk
Wángmǔ Niángniáng	王母娘娘	Queen Mother, mother of the Jade Emperor, an immortal
Wénshū	文殊	Manjusri, an immortal, assistant to Tathāgata
Wǔ Yánluó Wáng	五阎罗王	Fifth King of the Underworld, an immortal
Xiǎo Zuānfēng	小钻风	Junior Wind Cutter, a little demon
Yánluó Wáng	阎罗王	King Yama, god of the underworld, an immortal
Yīn Yáng Guàn	阴阳罐	Yin Yang Jar
Yìndù	印度	India
Yùhuáng Dàdì	玉皇大帝	Jade Emperor, lord of heaven
Yún Chéng Wànlǐ Dà Péng	云程万里大鹏	Great Peng of Ten Thousand Cloudy Miles, full name of Da Peng
Zhū (Bājiè)	猪（八戒）	Zhu (Bajie), middle disciple of Tangseng
Zhū Wùnéng	猪悟能	Zhu Wuneng, another name for Zhu Bajie
Zhuǎnshì Lún	转世轮	Wheel of Rebirth
Zǒng Zuānfēng	总钻风	Chief Wind Cutter, Sun Wukong in disguise
Zuānfēng	钻风	Wind Cutter, a little demon

Glossary

These are all the Chinese words used in this book, other than proper nouns.

Pinyin	Chinese	English
a	啊	ah, oh, what
ānjìng	安静	quiet, peaceful
ba	吧	(indicates assumption or suggestion)
bá	拔	to pull
bǎ	把	(preposition introducing the object of a verb)
bā	八	eight
bài	拜	worship
bǎi	百	hundred
bái (sè)	白(色)	white
bǎidù	摆渡	ferry
bàn	半	half
bàn (dǎo)	绊(倒)	to trip, to stumble
bān (dòng)	搬(动)	to move
bànfǎ	办法	method
bàng	棒	rod, stick, wonderful
bǎng	绑	to tie
bāng (zhù)	帮(助)	to help
bāngmáng	帮忙	to help
bǎobèi	宝贝	treasure, baby
bàogào	报告	report
bǎohù	保护	to protect
bàozi	豹子	leopard
bǎozuò	宝座	throne
bǎshǒu	把手	handle
bàzi	耙子	rake

bèi	背	back
bèi	被	(passive particle)
běi	北	north
bēi (zi)	杯(子)	cup
bèn	笨	stupid, a fool
bǐ	比	compared to, than
biàn	变	to change
biān	边	side
biànchéng	变成	to become
bié	别	do not, other
bìxià	陛下	Your Majesty
bìxū	必须	must, have to
bízi	鼻子	nose
bù	不	no, not, do not
bù	布	cloth
bùguǎn zěnyàng	不管怎样	one way or another
bùliǎo	不了	no more
bùxiǎng	不想	don't want
cái	才	only
cài	菜	dish
cāi	猜	guess
cáinéng	才能	can only, ability, talent
cāiquán	猜拳	guess fist (a game)
cáng	藏	to hide
cāngyíng	苍蝇	a fly
cānjiā	参加	to participate, to join
céng	层	layer, (measure word for a layered object)
chá	茶	tea
chā	插	to insert
cháng	长	long

chǎng	场	(measure word for public events)
chángshēng bùlǎo	长生不老	immortality (long life no die)
chéng	乘	to multiply
chéng (shì)	城(市)	city
chéng (wéi)	成(为)	to become
chéngnuò	承诺	promise
chènshān	衬衫	shirt
chí	池	pool, pond
chǐ	尺	Chinese foot
chī (fàn)	吃(饭)	to eat
chī diào	吃掉	to eat up
chìbǎng	翅膀	wing
chóng (zi)	虫(子)	insect, worm
chǒu	丑	ugly
chū	出	out
chuán	传	to pass on, to transmit
chuán	船	boat
chuān	穿	to wear
chuān (guò)	穿(过)	to pass through
chúfáng	厨房	kitchen
chuī	吹	to blow
chúshī	厨师	chef, cook
chūxiàn	出现	to appear
cì	次	next in a sequence, (measure word for time)
cì'ěr	刺耳	harsh sound
cóng	从	from
cónglái méiyǒu	从来没有	there has never been
cū	粗	broad, thick
cùn	寸	Chinese inch
cūn (zhuāng)	村(庄)	village

cuò	错	wrong, mistaken
dà	大	big
dǎ	打	to hit, to play
dà hǎn	大喊	to shout
dǎbài	打败	defeat
dàdì	大地	the earth
dàdiàn	大殿	main hall
dǎgǔn	打滚	roll around
dài	带	to carry, to lead, to bring
dài (zi)	带(子)	band, belt, ribbon
dàjiā	大家	everyone
dàjiàng	大将	general, high ranking officer
dǎkāi	打开	to turn on, to open
dàmén	大门	entrance, gate
dàn	蛋	egg
dàn (shì)	但(是)	but, however
dāng	当	when
dǎng (zhù)	挡(住)	to block
dāngrán	当然	of course
dāngxīn	当心	to worry, beware
dānxīn	担心	to worry
dào	到	to arrive, towards
dào	道	path, way, Dao, to say
dǎo	倒	to fall
dàojiào	道教	Daoism
dǎsuàn	打算	intend
dàwáng	大王	king
de	地	(adverbial particle)
de	的	of
dé	得	(particle showing degree or possibility)

dédào	得到	to get
děng	等	to wait
dì	地	land, ground, earth
dì	第	(prefix before a number)
dī	低	low
dǐ (bù)	底(部)	bottom
diǎn	点	point, hour
diǎn (diǎn) tóu	点(点)头	to nod
diào	掉	to fall, to drop, to lose
dìfāng	地方	local, place
dìguó	帝国	empire
dǐng	顶	top, to withstand
dírén	敌人	enemy
dìshàng	地上	on the ground
dītóu	低头	head bowed
diū	丢	to throw
dìyù	地狱	hell, underworld
dòng	动	to move
dòng	洞	cave, hole
dǒng	懂	to understand
dōng	东	east
dōng (tiān)	冬(天)	winter
dòngwù	动物	animal
dōngxi	东西	thing
dōu	都	all
duàn	段	(measure word for sections)
duàn	断	broken
duì	对	correct, towards someone
duī	堆	(measure word for piles, problems, clothing, …)
duì…lái shuō	对…来说	to or for someone

duìbùqǐ	对不起	I am sorry
dùn	顿	(measure word for non-repeating actions)
duǒ	躲	to hide
duō	多	many
duōdà	多大	how big
duōjiǔ	多久	how long
duōshǎo	多少	how many
dùzi	肚子	belly, abdomen
è	恶	evil
è	饿	hungry
èmó	恶魔	evil demon
èr	二	two
ěr (duo)	耳(朵)	ear
fà	发	hair
fā (chū)	发(出)	to send out
fādǒu	发抖	to tremble, to shiver
fàn	饭	cooked rice, a meal
fān	翻	to turn
fàng	放	to put, to let out
fāng (xiàng)	方(向)	direction
fāngfǎ	方法	method
fángjiān	房间	room
fàngqì	放弃	to give up, surrender
fàngsōng	放松	to relax
fàngxià	放下	to lay down
fàngxīn	放心	rest assured
fāshēng	发生	to occur
fāxiàn	发现	to find out
fēi	飞	to fly
fēicháng	非常	very much

fēikuài	飞快	fast
fēixíng	飞行	flying
fèn	份	(measure word for documents, meals, jobs)
fēn	分	to share, to divide
fēnchéng	分成	divided into
fēng	风	wind
fēng	疯	crazy
fènghuáng	凤凰	phoenix
fēnkāi	分开	separate
fēnlí	分离	separate
fófǎ	佛法	Buddha's teachings
fójiào	佛教	Buddhism
fózǔ	佛祖	Buddhist teacher
fù (qīn)	父(亲)	father
fùjìn	附近	nearby
fùmǔ	父母	parents
gāi	该	ought to
gǎi (biàn)	改(变)	to change
gài (zi)	盖(子)	cover
gāisǐ (de)	该死(的)	damn
gǎn	敢	to dare
gān	干	dry, to dry
gǎn (dào)	感(到)	to feel
gāng (cái)	刚(才)	just, just a moment ago
gǎnxiè	感谢	to thank
gāo	高	tall, high
gàosù	告诉	to tell
gāoxìng	高兴	happy
gè	个	(measure word, generic)
gēge	哥哥	elder brother

gěi	给	to give
gēn	根	(measure word for long thin things)
gēn (zhe)	跟 (着)	with, to follow
gèng	更	more
gēng	更	even, watch (2-hour period)
gong (diàn)	宫 (殿)	palace
gōngjī	攻击	to attack
gōngzuò	工作	work, job
gǒu	狗	dog
gǔ (tóu)	骨 (头)	bone
guàiwù	怪物	monster
guǎizhàng	拐杖	staff, crutch
guān	关	to turn off, to close, to lock up
guāncai	棺材	coffin
guānghuán	光环	halo
guānjié yán	关节炎	arthritis
guānxīn	关心	concern
guānyú	关于	about
guànzi	罐子	jar
guǐ (guài)	鬼 (怪)	ghost
guīshùn	归顺	to submit
gǔn	滚	to roll
guò	过	to pass, (after verb to indicate past tense)
guō	锅	pot
guó (jiā)	国 (家)	country
guòlái	过来	to come
guòqù	过去	past, to pass by
guòyè	过夜	to stay overnight
gùshì	故事	story
hā	哈	ha!

hái	还	still, also
hǎi	海	ocean, sea
hàipà	害怕	fear, scared
háishì	还是	still is
háizi	孩子	child
hǎn (jiào)	喊(叫)	to call, to shout
hǎo	好	good, very
hǎochī	好吃	delicious
hǎokàn	好看	good looking
hǎoxīn	好心	kind
hé	合	to combine, to join
hé	和	and, with
hé	河	river
hē	喝	to drink
hēi	嘿	hey
hēi (sè)	黑(色)	black
hēi'àn	黑暗	dark
hěn	很	very
hépíng	和平	peace
héshang	和尚	monk
hóng (sè)	红(色)	red
hòu	后	after, back, behind
hóu (zi)	猴(子)	monkey
hòulái	后来	later
hǔ	虎	tiger
huà	话	word, speak
huài	坏	bad, broken
huán	还	to return
huáng (sè)	黄(色)	yellow
huí	回	to return
huì	会	will, to be able to

huī (dòng)	挥(动)	to swat, to wave
huídá	回答	to reply
huītǔ	灰土	dust cloud
húlí	狐狸	fox
hùndùn	混沌	chaos
huǒ	火	fire
huó (zhe)	活(着)	alive
huò (zhě)	或(者)	or
húzi	胡子	beard, moustache
jǐ	几	several
jī	击	to hit
jī	鸡	chicken
jì (dé)	记(得)	to remember
jiǎ	假	fake
jiā	家	family, home
jiàn	剑	sword
jiān	尖	pointed, tip
jiàn (miàn)	见(面)	to see, to meet
jiǎndān	简单	simple
jiǎng	讲	to speak
jiāng	将	shall
jiào	叫	to call, to yell
jiǎo	脚	foot
jiàozi	轿子	sedan chair
jiārù	加入	to join in
jiǎzhuāng	假装	to pretend
jiè	借	to borrow, to lend
jiē (dào)	街(道)	street
jiējìn	接近	close to
jiějué	解决	to solve, settle, resolve
jiéshù	结束	end, finish

jiēzhe	接着	and then
jìhuà	计划	plan
jìn	进	to advance, to enter
jìn	近	close
jǐn	紧	tight, close
jīn	斤	cattie (measure of weight)
jīn (sè)	金(色)	golden
jīn (zi)	金(子)	gold
jīn gū bàng	金箍棒	golden hoop rod
jīndǒu	筋斗	somersault
jīng	精	spirit
jīngguò	经过	after, through
jīngshū	经书	scripture, holy book
jìnlái	进来	to come in
jìnqù	进去	to go in
jīntiān	今天	today
jíshǐ	即使	even though
jiù	救	to save, to rescue
jiù	就	just, right now
jiǔ	九	nine
jiǔ	久	long
jiǔ	酒	wine, liquor
jiùjiu	舅舅	maternal uncle
jiùshì	就是	just is
jìxù	继续	to carry on
jù	句	(measure word for word, sentence)
jù (dà)	巨(大)	huge
jǔ (qǐ)	举(起)	to lift
juǎn	卷	to roll
juédé	觉得	to feel

juédìng	决定	to decide
jūgōng	鞠躬	to bow down
jùjué	拒绝	to refuse
jǔjué	咀嚼	to chew
jūnduì	军队	army
kāi	开	open
kāidào	开道	clear the way
kāishǐ	开始	to begin
kāixīn	开心	happy
kàn	看	to look
kǎn	砍	to cut
kàn qǐlái	看起来	it looks like
kānhù	看护	to care for
kànjiàn	看见	to see
kē	颗	(measure word for small objects)
kělián	可怜	pathetic
kěnéng	可能	maybe
kěpà	可怕	frightening, terrible
kētóu	磕头	to kowtow
kěyǐ	可以	can
kōng (qì)	空(气)	air, void, emptiness
kǒngquè	孔雀	peacock
kōngzhōng	空中	in the air
kǒu	口	mouth, (measure word for people in villages, families)
kòutóu	叩头	to kowtow
kū	哭	to cry
kuài	块	(measure word for chunks, pieces)
kuài	快	fast
kuān	宽	width
kuījiǎ	盔甲	armor

kǔlì	苦力	coolie, unskilled laborer
kūlóu	骷髅	skeleton
kùn	困	to trap
kùnhuò	困惑	confused
kùnnán	困难	difficulty
lā	拉	to pull
lái	来	to come
láizì	来自	from
láng	狼	wolf
lǎo	老	old
lǎohǔ	老虎	tiger
lǎoshī	老师	teacher
lǎoyé	老爷	master
le	了	(indicates completion)
lèi	累	tired
léi (shēng)	雷(声)	thunder
lěng	冷	cold
lǐ	里	Chinese mile
lí	离	away from, to leave
lǐ (miàn)	里(面)	inside
liǎ	俩	both
lián	连	even, to connect
liǎn	脸	face
liáng	凉	cool
liǎng	两	two, Chinese ounce
liǎojiě	了解	to understand
lìhài	厉害	amazing, powerful
líkāi	离开	to leave
lìliàng	力量	strength
líng	零	zero
lìngwài	另外	other, another, in addition

línjū	邻居	neighbor
liú	流	to flow
liù	六	six
liú (xià)	留（下）	to keep, to leave behind, to stay
lóng	龙	dragon
lù	鹿	deer
lù	路	road
lǚtú	旅途	journey
ma	吗	(indicates a question)
mǎ	马	horse
máfan	麻烦	trouble
mài	卖	to sell
mǎi	买	to buy
màn	慢	slow
mǎn	满	full
máng	忙	busy
máo	矛	spear
máo (fà)	毛（发）	hair
màoxiǎn	冒险	to venture
mǎshàng	马上	right away
mǎtǒng	马桶	toilet, chamber pot
méi	没	no, not have
měi	每	each, every
měi (lì)	美（丽）	handsome, beautiful
méiguānxì	没关系	it doesn't matter
méiyǒu	没有	no, not have
men	们	(indicates plural)
mén	门	door, gate
mèng	梦	dream
miàn	面	side, surface, noodles, (measure word for flat things)

miànqián	面前	in front
miǎo zhōng	秒钟	seconds
mǐfàn	米饭	cooked rice
míng (zì)	名(字)	first name, name, (measure word for an occupation or profession)
míngbái	明白	to understand, clear
míngliàng	明亮	bright
mìnglìng	命令	command
míngtiān	明天	tomorrow
mǒ	抹	to wipe, to rub
mó (fǎ)	魔(法)	magic
mó (lì)	魔(力)	magic
móguǐ	魔鬼	demon
mù (tou)	木(头)	wood
mǔqīn	母亲	mother
ń, en, èn	嗯	well, um
ná	拿	to take
nà	那	that
ná qǐ (lái)	拿起(来)	to pick up
ná xià	拿下	remove, capture
nàixīn	耐心	patience
nàlǐ	那里	there
nǎlǐ	哪里	where
nàme	那么	so then
nán	南	south
nán	难	difficult, rare
nǎo (zi)	脑(子)	brain
nàxiē	那些	those ones
nàyàng	那样	that way
ne	呢	(indicates question)
néng	能	can

nénglì	能力	ability
nǐ	你	you
nǐ hǎo	你好	hello
nián	年	year
niánqīng	年轻	young
niǎo	鸟	bird
niú	牛	cow, bull
nòng	弄	to do, to make
nǚ	女	female
nǔlì	努力	work hard
ó, ò	哦	oh?, oh!
pá	爬	to climb
pà	怕	afraid
pāi (dǎ)	拍(打)	to tap, to slap
pái (zi)	牌(子)	sign
páng (biān)	旁(边)	beside
pǎo	跑	to run
péngyǒu	朋友	friend
pēntì	喷嚏	sneeze
pí	皮	leather, skin
pì	屁	fart
pǐ	匹	(measure word for horses, cloth)
piàn	片	(measure word for flat objects)
piàn (shù)	骗(术)	to trick, to cheat
piàoliang	漂亮	beautiful
píng	平	flat
púrén	仆人	servant
púsà	菩萨	bodhisattva, buddha
qí	骑	to ride
qì	气	gas, air, breath
qǐ	起	from, up

qī	七	seven
qián	前	in front, before, side
qián	钱	money
qiàn	欠	to owe
qiān	千	thousand
qiáng	墙	wall
qiáng (dà)	强(大)	strong, powerful
qiāo (jī)	敲(击)	to knock, to strike
qiē	切	to cut
qìguān	器官	organ (of body)
qǐlái	起来	(after verb, indicates start of an action)
qīn'ài (de)	亲爱(的)	dear
qǐng	请	please
qīng	轻	lightly
qíngkuàng	情况	situation
qīnqi	亲戚	relative
qióng	穷	poverty
qíshí	其实	in fact
qítā	其他	other
qiú	求	to beg
qiú	球	ball
qiū (tiān)	秋(天)	autumn
qiúfàn	囚犯	prisoner
qízhōng	其中	among them
qīzi	妻子	wife
qù	去	to go
qǔ	取	to take
quánlì	全力	power, all out
qún	群	group, (measure word for group)
qún (zi)	裙(子)	kilt, skirt

ràng	让	to let, to cause
ránhòu	然后	then
rè	热	heat
rén	人	person, people
rěn (shòu)	忍(受)	to endure, to tolerate
réncí	仁慈	kindness
rēng	扔	to throw
réngrán	仍然	still, yet
rènhé	任何	any
rènshí	认识	to understand
rènwéi	认为	to believe
rì (zi)	日(子)	day, days of life
róngyì	容易	easy
róngyù	荣誉	honor
ròu	肉	meat, flesh
rù	入	to enter, into
ruǎn	软	soft
rúguǒ	如果	if
sān	三	three
sēng (rén)	僧(人)	monk
sēnlín	森林	forest
shā	杀	to kill
shàn	扇	(measure word for windows, doors)
shān	山	mountain
shǎndiàn	闪电	lightning
shàng	上	on, up
shāng (hài)	伤(害)	hurt
shāngdiàn	商店	store
shàngmiàn	上面	above
shé	蛇	snake

shēn	伸	to stretch
shēn	深	late, deep
shēn (tǐ)	身(体)	body
shén (xiān)	神(仙)	spirit, god
shēnbiān	身边	around
shēng	生	to give birth, to grow out
shēng (huó)	生(活)	life
shèng (xià)	剩(下)	to remain, rest of
shēng (yīn)	声(音)	sound
shēngmìng	生命	life
shēngqì	生气	anger
shēngwù	生物	animal, creature
shēngyì	生意	business
shēngyù	声誉	reputation
shéngzi	绳子	rope
shēnhòu	身后	behind
shénme	什么	what
shénme yàng	什么样	what kind of
shénqí	神奇	magical
shēnshǒu	伸手	reach out
shénxiān	神仙	immortal
shēnyè	深夜	late at night
shí	十	ten
shì	是	is, yes
shǐ	屎	shit
shī	湿	wet
shí (hòu)	时(候)	time, moment, period
shì (qing)	事(情)	thing
shí (tou)	石(头)	stone
shí (wù)	食(物)	food
shībài	失败	failure

shìbīng	士兵	soldier
shīfu	师父	master
shíjiān	时间	time, period
shìjiè	世界	world
shītǐ	尸体	dead body
shìzhe	试着	to try
shīzi	狮子	lion
shòu	兽	beast
shòu	瘦	skinny
shǒu	手	hand
shòudào	受到	to receive, to suffer
shǒudū	首都	capital city
shòushāng	受伤	injured
shǒushì	手势	gesture
shǒuwèi	守卫	to guard
shǒuzhǐ	手指	finger
shū	输	to lose
shuāng	双	a pair
shūcài	蔬菜	vegetable
shūfú	舒服	comfortable
shuǐ	水	water
shuí	谁	who
shuì (jiào)	睡(觉)	to sleep
shùlín	树林	forest
shuō (huà)	说(话)	to say
shùzhī	树枝	tree branch
sì	四	four
sǐ	死	dead, to die
sī	丝	silk
sìzhōu	四周	all around
sōng	松	loose

sòng (gěi)	送(给)	to give a gift
suì	岁	years of age
suǒ	锁	lock, to lock
suǒyǐ	所以	so, therefore
suǒyǒu	所有	all
sùshí	素食	vegetarian food
tā	他	he, him
tā	它	it
tài	太	too
tái (qǐ)	抬(起)	to lift up
táitóu	抬头	look up
tàiyáng	太阳	sunlight
tǎng	躺	to lie down
táo (zǒu)	逃(走)	to escape
tī	踢	to kick
tiān	天	day, sky
tiāndì	天地	heaven and earth
tiāngōng	天宫	palace of heaven
tiānkōng	天空	sky
tiānshàng	天上	heaven, on the sky
tiāntáng	天堂	heaven
tiáo	条	(measure word for narrow, flexible things)
tiào	跳	to jump
tiàowǔ	跳舞	to dance
tiě	铁	iron
tīng	听	to listen
tíng (zhǐ)	停(止)	to stop
tīng shuō	听说	it is said that
tōng (guò)	通(过)	pass through
tòng (kǔ)	痛(苦)	pain, suffering

tōng xiàng	通向	lead to
tōngguān wénshū	通关文书	travel rescript
tōngxíngzhèng	通行证	pass (authority to enter)
tóu	头	head, (measure word for animal with big head)
tōu	偷	to steal
tóufà	头发	hair
tǔ	吐	to spit out
túdì	徒弟	apprentice
tǔdì	土地	land
tuì	退	retreat
tuǐ	腿	leg
tuī	推	to push
tūn	吞	to swallow
tuō	拖	to drag
tuō (xià)	脱（下）	to take off clothes
tùzǐ	兔子	rabbit
wài (miàn)	外（面）	outside
wán	完	finished
wán	玩	to play
wàn	万	ten thousand
wánchéng	完成	to complete
wáng	王	king
wǎng	网	net, network, web
wǎng	往	to
wàng (jì)	忘（记）	to forget
wǎng qián	往前	to move forward
wángguó	王国	kingdom
wǎnshàng	晚上	evening, night
wéi	围	to encircle, to surround
wèi	为	for

wèi	位	place, (measure word for people, polite)
wěi (bā)	尾(巴)	tail
wěidà	伟大	great
wèidào	味道	taste, smell
wèilái	未来	future
wèile	为了	in order to
wèishénme	为什么	why
wéixiǎn	危险	danger
wèn	问	to ask
wēnnuǎn	温暖	warm
wénshū	文书	written document
wèntí	问题	problem, question
wǒ	我	I, me
wù	悟	to realize, to understand
wǔ	五	five
wù (qì)	雾(气)	fog, mist
wúchǐ	无耻	wretched, shameless
wúfǎwútiān	无法无天	lawless
wǔqì	武器	weapon
xì	系	to tie
xì	细	thin
xǐ	洗	to wash
xī	西	west
xī	吸	to suck, to absorb
xià	下	down, under
xià	吓	to scare
xià	夏	summer
xià huài	吓坏	frightened
xiàlái	下来	come down
xiàmiàn	下面	underneath

xiān	仙	immortal, celestial being
xiān	先	first
xiàng	向	towards
xiàng	象	elephant
xiàng	像	like, to resemble
xiǎng	想	to want, to miss, to think of
xiǎng yào	想要	would like to
xiǎngqǐ	想起	to recall
xiāngtóng	相同	the same
xiāngxìn	相信	to believe, to trust
xiāngzi	箱子	box
xiānshēng	先生	sir, gentleman
xiànzài	现在	just now
xiào	笑	to laugh
xiǎo	小	small
xiǎoshí	小时	hour
xiāoshī	消失	to disappear
xiǎoxīn	小心	careful
xiě	写	to write
xiē	些	some
xié ('è)	邪 (恶)	evil
xièxie	谢谢	thank you
xǐhuān	喜欢	to like
xīn	心	heart/mind
xīn	新	new
xíng	行	to travel, to walk, OK
xìng	姓	surname
xīng (xīng)	星 (星)	star
xínglǐ	行李	luggage
xíngzǒu	行走	to walk
xīnyuàn	心愿	wish

xīnzàng	心脏	heart
xiōng	胸	chest
xiōngdì	兄弟	brother
xīshuài	蟋蟀	cricket
xiūchǐ	羞耻	shame
xiūxí	休息	to rest
xiùzi	袖子	sleeve
xīwàng	希望	to hope
xuǎn (zé)	选(择)	to select
xǔduō	许多	many
xué (xí)	学(习)	to learn
xuě, xuè	血	blood
xúnluó	巡逻	patrol
xūruò	虚弱	weak
xūyào	需要	to need
yá (chǐ)	牙(齿)	tooth, teeth
yán	盐	salt
yàn (huì)	宴(会)	feast, banquet
yǎn (jīng)	眼(睛)	eye
yāncōng	烟囱	chimney
yáng	阳	masculine principle in Daoism
yángé	严格	strict
yàngzi	样子	to look like, appearance
yánsè	颜色	color
yánzhe	沿着	along
yào	要	to want
yǎo	咬	to bite, to sting
yāo	腰	waist, small of back
yáo (dòng)	摇(动)	to shake or twist
yāodài	腰带	belt
yāoguài	妖怪	monster

yāoqǐng	邀请	to invite
yě	也	also, too
yètǐ	液体	liquid
yèwǎn	夜晚	night
yéye	爷爷	grandfather
yī	一	one
yī (fu)	衣(服)	clothes
yícì	一次	once
yìdiǎn	一点	a little
yídìng	一定	must
yígè rén	一个人	alone
yígòng	一共	altogether
yǐhòu	以后	after
yīhuǐ'er	一会儿	a while
yǐjīng	已经	already
yīn	阴	feminine principle in Daoism
yín (zi)	银(子)	silver
yíng	赢	to win
yìng	硬	hard
yīnggāi	应该	should
yīnwèi	因为	because
yīnyuè	音乐	music
yìqǐ	一起	together
yǐqián	以前	before
yíqiè	一切	everything
yìsi	意思	meaning
yǐwéi	以为	to think, to believe
yìxiē	一些	some
yíyàng	一样	same
yìzhí	一直	always, continuously
yǐzi	椅子	chair

yòng	用	to use
yònglì	用力	to use effort or strength
yóu	游	to swim, to tour
yòu	又	again, also
yòu	右	right (direction)
yǒu	有	to have
yǒu qián	有钱	rich
yǒuguān	有关	related to
yóurén	游人	traveler, tourist
yǒushì	有事	sometimes
yǒushì	游戏	game
yǒuzuì	有罪	guilty
yǔ	雨	rain
yǔ	语	words, language
yù (dào)	遇(到)	encounter, meet
yuán	圆	circle, round
yuǎn	远	far
yuàn (yì)	愿(意)	willing
yuè	越	more
yuè (liang)	月(亮)	month, moon
yuèguāng	月光	moonlight
yún	云	cloud
yūn	晕	to faint
yùwàng	欲望	desire
zài	再	again, even if
zài	在	in, at
zài yìqǐ	在一起	together
zǎo (yìdiǎn)	早(一点)	early
zěnme	怎么	how
zěnme bàn	怎么办	how to do
zěnme yàng	怎么样	how about it?

zhài	债	debt
zhàn	站	to stand
zhàn (zhēng)	战(争)	war
zhàndòu	战斗	fighting
zhǎng	长	to grow
zhāng	章	chapter
zhāng (kāi)	张(开)	open
zhànshì	战士	warrior
zhào	照	according to
zhǎo	找	to search for
zhǎodào	找到	found
zháohuǒ	着火	on fire
zhe	着	(indicates action in progress)
zhè	这	this, these
zhèlǐ	这里	here
zhème	这么	so
zhèn	阵	(measure word for short-duration events)
zhēn	真	true, real
zhèng	正	correct, just
zhēng (qì)	蒸(汽)	steam
zhèng (zài)	正(在)	(-ing)
zhēnglùn	争论	to argue
zhēnxiàng	真相	the truth
zhèxiē	这些	these ones
zhèyàng	这样	such
zhǐ	只	only
zhǐ	指	finger, to point at
zhī	之	of
zhī	支	(measure word for stick-like things, armies, songs, flowers)
zhì (huì)	智(慧)	wisdom

zhídào	直到	until
zhīdào	知道	to know
zhīhòu	之后	later
zhījiān	之间	between
zhīqián	之前	before
zhǐyào	只要	as long as
zhīzhū	蜘蛛	spider
zhǒng	种	type
zhòng	众	a crowd
zhòng	重	heavy, hard
zhōng	中	in, middle
zhǒngzǐ	种子	seed
zhú	竹	bamboo
zhù	住	(verb complement)
zhù	住	to live, to hold
zhǔ	煮	to cook
zhū	猪	pig
zhù (zi)	柱(子)	pillar, post
zhuā (zhù)	抓(住)	to arrest, to grab
zhuǎ (zi)	爪(子)	claw
zhuǎn	转	to turn
zhuǎnxiàng	转向	turn to
zhuī	追	to chase
zhǔnbèi	准备	ready, to prepare
zhùyì	注意	notice
zhǔyì	主意	idea, plan, decision
zìjǐ	自己	oneself
zǐxì	仔细	careful
zōng (sè)	棕(色)	brown
zǒng shì	总是	always
zǒu	走	to go, to walk

zǒu jìn	走近	to approach	
zǒu kāi	走开	to go away	
zuān	钻	drill, to drill	
zuì	最	the most	
zuì	醉	drunk	
zuǐ	嘴	mouth	
zuìhòu	最后	last, at last	
zuìjìn	最近	recently	
zuò	坐	to sit	
zuò	座	(measure word for mountains, temples, big houses, …)	
zuò	做	to do	
zuǒ	左	left (direction)	
zuó wǎn	昨晚	last night	
zuótiān	昨天	yesterday	
zuǒyòu	左右	approximately	

About the Authors

Jeff Pepper (author) is President and CEO of Imagin8 Press, and has written dozens of books about Chinese language and culture. Over his thirty-five year career he has founded and led several successful computer software firms, including one that became a publicly traded company. He's authored two software related books and was awarded three U.S. patents.

Dr. Xiao Hui Wang (translator) has an M.S. in Information Science, an M.D. in Medicine, a Ph.D. in Neurobiology and Neuroscience, and 25 years experience in academic and clinical research. She has taught Chinese for over 10 years and has extensive experience in translating Chinese to English and English to Chinese.

www.ingramcontent.com/pod-product-compliance
Lightning Source LLC
Chambersburg PA
CBHW072012110526
44592CB00012B/1270